Verlag 3.0

Ramon Schack
Neukölln ist nirgendwo
Nachrichten aus Buschkowskys Bezirk

ISBN 978-3-944343-74-7 Edition BUCH+eBook

Das dazugehörige eBook – wahlweise als PDF, ePub oder mobi – bitte zusammen mit einer Kopie des Kaufbeleges per Mail anfordern bei ***service@verlag30.de***

Redaktionelle Betreuung:
Matthias Dierßen | www.dierssen.org
Fotografie: Robin Schimko | www.robinschimko.de
Satz & Layout: Katharina Göbel | www.poesiekat.de

Printed in EU

Bibliografische Information der Deutschen Nationalbibliothek
Die Deutsche Nationalbibliothek verzeichnet diese Publikation in der Deutschen Nationalbibliografie; detaillierte bibliografische Daten sind im Internet über http://dnb.ddb.de abrufbar.

RAMON SCHACK

NEUKÖLLN IST NIRGENDWO

NACHRICHTEN AUS BUSCHKOWSKYS BEZIRK

Verlag 3.0

Gewidmet meinen Eltern
Rita & Klaus Schack

Inhalt

„Es waren die Städter, die der Menschheit alles geschenkt haben [...]: den Mehrwert, die Proportion, das Maß, die Ideen, das Schöne, das Weltbürgertum. Nicht die Schäfer, nein, und auch nicht die Rinderhirten. Die großen Sätze der Menschheitsgeschichte wurden nicht auf Weiden ausgedacht und ausgesprochen, sondern auf den Foren."

Hendrik Willem van Loon

„Es ist die Zeit, in der jeder lesen und schreiben kann und deshalb mitreden will und alles besser versteht. Dieser Geist ist von Begriffen besessen, den neuen Göttern dieser Zeit, und er übt Kritik an der Welt: sie taugt nichts, wir können das besser machen, wohlan, stellen wir ein Programm der besseren Welt auf! Nichts ist leichter als das, wenn man Geist hat. Verwirklichen wird es sich dann wohl von selbst. Wir nennen das einstweilen den »Fortschritt der Menschheit«. Da es einen Namen hat, ist es da. Wer daran zweifelt, ist beschränkt, ein Reaktionär, ein Ketzer, vor allem ein Mensch ohne demokratische Tugend: aus dem Wege mit ihm! So ist die Angst vor der Wirklichkeit vom geistigen Hochmut überwunden worden, dem Dünkel aus Ungewißheit in allen Dingen des Lebens, aus seelischer Armut, aus Mangel an Ehrfurcht, zuletzt aus weltfremder Dummheit, denn nichts ist dümmer als die wurzellose städtische Intelligenz."

Oswald Spengler/Jahre der Entscheidung

„Dies ist die Geschichte einer Gesellschaft die fällt. Während sie fällt sagt sie, um sich zu beruhigen, immer wieder: Bis hierher lief's noch ganz gut. Bis hierher lief's noch ganz gut. Bis hierher ... lief's noch ganz gut. Aber wichtig ist nicht der Fall, sondern die Landung."

La Haine/Der Hass (Film)

Prolog

Ich wohne in Neukölln, freiwillig, seit etwas über 2 Jahren – um genau zu sein.

Lebt man in diesem umstrittenen Bezirk Berlins, dann gewöhnt man sich recht schnell daran, dass der eigene Wohnort permanent im Mittelpunkt medialer Debatten steht, überwiegend im negativen Kontext. Regelmäßig wird dabei vor „Neuköllner Verhältnissen" gewarnt, meistens von Kommentatoren, die diesen Bezirk nicht aus eigener Anschauung oder nur von flüchtigen Expeditionen her kennen.

Vor einigen Monaten erschien das Buch des hiesigen Bezirksbürgermeisters Heinz Buschkowsky: „Neukölln ist überall".

Buschkowsky hat mit Neukölln eines gemeinsam, beide sind weit über die Grenzen dieses Verwaltungsbezirkes im Südosten der Bundeshauptstadt hinaus bekannt. Das Buch hat ihn reich gemacht, den Bezirk noch berühmter.

Neuerdings lassen sich täglich Touristen aus den Weiten der Bundesrepublik in Bussen durch Neukölln bugsieren. Sie bestaunen die türkischen Obst- und Gemüseläden, die ihnen ja schon aus dem Werk von Buschkowskys Parteigenossen Sarrazin bekannt sind, die arabischen Shisha-Bars und Falafel-Läden, ebenso wie die wie Pilze aus dem Boden schießenden Bars und Galerien der neuesten Neueinwanderer schwäbischer, friesischer und französischer Provenienz. Sie begaffen Kopftuchmädchen und Künstler am Hermannplatz, wo sie sich an einer der zahlreichen Wurstbuden stärken und ihre Currywurst mit Pommes ebenso verdauen wie ihre Eindrücke. Dann blicken sie noch einmal auf die älteste Karstadt-Filiale Deutschlands, Eröffnungsjahr 1929, bevor sie wieder in ihre Busse steigen, während sie dem vorbeirasenden Blaulicht der Polizeiwagen hinterherstarren.

Ein junger Hipster verstörte dabei neulich einige Touristen während ihrer Safari durch Neukölln, indem er neben dem Bus herlief und den Neugierigen einen großen Spiegel vorhielt.

Rund 300.000 Menschen sind in Neukölln gemeldet mit ansteigender Tendenz, denn trotz aller Probleme wächst die Bevölkerung ebenso schnell wie die Mietpreise steigen, was ja eher ungewöhnlich ist für ein Ghetto, als welches der Bezirk noch in jüngster Vergangenheit bezeichnet wurde.

Sobald ich meine Wohnung verlasse, die Haustür hinter mir ins Schloss fallen lasse, befinde ich mich auf der Hermannstraße, einer jener großen Einkaufs- und Verkehrsstraßen des Bezirks, teils heruntergekommen, teils im Aufbruch befindlich.

Während ich mich auf meinem Weg in die Pizzeria „Rollberge Steinofen" befinde, donnern Umzugswagen und Doppeldeckerbusse die Hermannstraße entlang. Die Pizzeria „Rollberge Steinofen", benannt nach dem gleichnamigen Kiez sowie dem dort erhältlichen gastronomischen Angebot, wurde vor einigen Monaten von Salah eröffnet.

Salah, 28 Jahre jung, gelernter Bankkaufmann, Student an der evangelischen Hochschule Berlin, ist sehr beschäftigt. Es herrscht Hochbetrieb. Die Gäste sitzen an den hellen Eichentischen des Restaurants, dessen Wände mit Naturstein verkleidet sind.

„Nein, dafür habe ich keine Zeit!", erklärt Salah lachend auf die Frage, ob er das Buch von Buschkowsky gelesen habe. Als Sohn arabischer Einwanderer und gläubiger Muslim wird Salah in Buschkowskys Werk thematisiert, denn dort heißt es: *„Der Islam nimmt bei der Integration keine fördernde Rolle ein. Er stärkt eher das Verharren in tradierten Verhaltensmustern. Extreme Frömmigkeit kann zu hoher Hürde auf dem Weg in die moderne und liberale Gesellschaft werden."*

Darauf angesprochen reagiert Salah selbstbewusst. „*Wissen Sie, ich bin noch keine 30, habe eine abgeschlossene Ausbildung, in naher Zukunft einen akademischen Abschluss, bin unternehmerisch aktiv, zahle Steuern und schaffe Arbeitsplätze. Sicher gelingt das nicht allen Einwanderern, aber sicher auch nicht allen Bürgern ohne Migrationshintergrund, oder?“*

Ist Neukölln also nun ein Hort der Gemütlichkeit, dessen soziale Turbulenzen permanent übertrieben werden? Gibt es denn gar keine Probleme, basierend auf „extremer Frömmigkeit“, gar eine Ablehnung unserer Gesellschaftsordnung?

„Ich möchte eine Theokratie, keine Demokratie!“, sagt mir der ältere Herr, der mir eine kleine Broschüre entgegenstreckt, in der die Grundpfeiler seiner Religion erklärt werden. Also doch! Nur handelt es sich bei dem Herrn um keinen Anhänger des Islam, sondern um einen Zeugen Jehovas.

Gemessen an der sozialen und ethnischen Vielschichtigkeit, den multiplen Lebensstilen, die sich dort tagtäglich begegnen, bleibt es doch erstaunlich ruhig. Sicherlich, gelegentlich kommt es zu merkwürdigen, irrationalen Ausbrüchen einzelner Anwohner, wie neulich an der Kasse des Supermarkts.

In der Schlange standen Burkas neben Bomberjacken. Dazwischen die zarten Gesichter der jungen Kreativen, Studenten, vereinzelt auch biedere Wohnungseigentümer aus Westdeutschland. Ein Mann drängelte sich vor, übergewichtig, mit einer Fahne aus Leberwurstbrot und Fusel.

„Hey, nicht vordrängeln, warum machen Sie das!“, rief man ihm nach. *„Weil ich Deutscher bin!“*, schnauzte der Mann zurück.

Ein Raunen ging durch die Reihen. Eine Autonome ballte die Faust, ein Hipster hustete. *„Irgendwann gerät er an die Falschen - irgendwann“*, flüsterte die Kassiererin, eine blonde Dame.

Buschkowsky pflegt dazu zu sagen: *„Neukölln ist nicht der Kurpark von Bad Pyrmont, und das ist auch gut so.“*

Meine Nachbarin, Frau W., ist da sicherlich mit ihm einer Meinung. Frau W. gehört zu einer aussterbenden Spezies in Neukölln, nämlich zu jener Spezies der gebürtigen Neuköllner. In diesem Stadtteil, der bereits seit Jahrhunderten von einer Einwanderungswelle nach der anderen überrollt wird, repräsentiert Frau W. die Sorte Menschen, die unabhängig vom Zeitgeist die Fahne der Tradition hochhalten. Zu dieser Tradition gehört es auch, dass sie regelmäßig im Hausflur anzutreffen ist in ihrer Nationaltracht in Gestalt eines giftgrünen Bademantels, ohne den man sie sich kaum denken kann.

Neulich, als ich sie an den Briefkästen traf, sagte mir Frau W.:

„Herr Schack, mir geht es so grässlich. Früher habe ick jeden Abend eine janze Flasche Wodka jetrunken, dann ging ick ins Bett und schlief wie ein Baby. Damals war ick nie krank, sah richtig jut aus, fühlte mich wohl. Aber det ist vorbei. Heute habe ick ständig Erkältungen, Migräne und Arthritis, schlafen kann ick och nicht mehr, wat natürlich auch an den

janzen Fremden im Viertel hier liegt. Aber der Onkel Doktor hat mir den Wodka verboten. Denken Sie aber bitte nicht, dass icke Alkoholikerin wäre. Wenn es nach mir ginge, dann könnte man allen Wein und Bier in die Spree kippen. Ich trinke nur Wodka, und zwar den russischen. Der ist am besten, habe ick schon `45 dran jenippt, als ganz junges Ding, als die Bolschewiken kamen ... man kann ja über die Russen denken wat man will, wie die damals hier gehaust haben ... aber der Wodka ..."

Irgendwann kam ich auf die Idee, ein Buch über meinen Wohnort zu schreiben, über Neukölln. Besonders über die Menschen dieses Bezirkes.

Lange Zeit galten die Einwohner von Neukölln als Aussätzige, zumindest in der medialen Wahrnehmung, deren Auftreten, Aussehen, Herkunft und Verhalten gleichbedeutend waren mit all den Phänomenen, vor denen sich Deutschland fürchtet. Soziale Verwahrlosung, Überfremdung, gescheiterte Integration, prekäre Lebensverhältnisse, Hartz 4, Kriminalität und Gewalt. Sollte das jemals der Realität entsprochen haben, schaut es inzwischen ganz anders aus.

Neukölln ist nicht überall, nein, Neukölln ist nirgendwo!

Warum?

Nun, dieser Stadtteil befindet sich auf einer Reise, deren Geschwindigkeit permanent zunimmt, mit unbekanntem Ziel.

Neukölln heute, das ist der aufregendste Ort der Republik. Ein explosiver und stimulierender demographischer Mix aus Schwaben und Salafisten, Hipstern und Hartz-4-Empfängern, Proleten und Philosophiestudenten, Malochern und Modedesignern, kleinbürgerlich bis bettelarm, neureich und neurotisch, von hektischen unternehmerischen Aktivitäten erfasst, wo Lebenslust, Vitalität und Frust ein einzigartiges Gefühl ergeben, welches durch den Begriff „urban" nur sehr unzureichend erklärt wird.

Gerne hätte ich mit Heinz Buschkowsky persönlich über dieses Thema diskutiert. Im Rahmen meiner Recherche zu diesem Buch bat ich im Rathaus um einen Termin. Herr Buschkowsky hatte zwar Zeit, ein Buch zu schreiben, aber nicht für ein Gespräch mit mir.

In der Antwort-Mail aus dem Rathaus heißt es: *„Ihre Email vom 13.05.13 mit der Bitte um ein persönliches Gespräch hat Herr Buschkowsky erhalten. Er bedankt sich für Ihr Vertrauen. Ich muss Ihnen aber leider mitteilen, dass derzeit ein Gespräch nicht realisierbar ist. Ich bitte um Ihr Verständnis."*

Nun gut, der Bezirksbürgermeister wird ja auch oft genug erhört und bedient sich ausgiebig der ihm zur Verfügung gestellten medialen Kanäle.

Viel wichtiger ist es doch, einmal die Bürger Neuköllns zu Wort kommen zu lassen beziehungsweise diese in ihrer ganzen Vielfalt - denn vielfältig ist die Bevölkerungsstruktur dieses Bezirkes wie an kaum einem anderen Ort der Republik - zu portraitieren.

Noch eine Anmerkung zu Heinz Buschkowsky. Gerade las ich in der Zeitung: *„Der Tagesspiegel hatte in dem Eilverfahren weitere Informationen zu Nebentätigkeiten der von Buschkowsky für dessen Bestseller "Neukölln ist überall" privat beschäftigten vier Bediensteten beantragt. Buschkowsky weigert sich bislang, seinem Amt mitzuteilen, um wen es sich handelt."*

Ich kann auf jeden Fall versichern, dass ich für die Anfertigung dieses Buches keine Bediensteten benötigte. Vielleicht hätte Herr Buschkowsky sein Bild über Neukölln etwas auffrischen sollen, dann würde sein Buch nicht so gestrig erscheinen.

„Neukölln ist nirgendwo" ist ein Buch, von dem ich behaupten kann, es sei mit Vergnügen geschrieben worden.

Die Begegnungen mit den Menschen, die in dem Buch erwähnt werden – die polnische Putzfrau Anka sorgte schon vor der Veröffentlichung für einen medialen Wirbel in Deutschland und einigen Nachbarländern – haben meinen Blick erweitert und mir neue Perspektiven eröffnet, gerade – aber nicht nur – in Bezug auf meinen Wohnort Neukölln.

Es wäre mir ein Vergnügen, wenn sich dem geneigten Leser dadurch auch eine neue Perspektive eröffnen oder das Interesse (falls es nicht schon vorhanden ist) an Neukölln und seinen Menschen erwachen würde.

Die Kurzgeschichten in diesem Buch basieren auf eigenen Erlebnissen, was natürlich nicht bedeutet, dass ich dadurch den Anspruch erhebe, die Wahrheit über Neukölln niedergeschrieben zu haben, was immer man sich darunter vorstellen mag. Es handelt sich um eine persönliche Betrachtung.

In diesem Zusammenhang möchte ich Truman Capote zitieren, der einmal schrieb: *„Die Kunst ist eben kein destilliertes Wasser. Persönliche Eindrücke, Vorurteile, die Auswahl, die man unwillkürlich trifft und auch treffen muss, das alles verändert die sogenannte reine Wahrheit.“*

+++ Neukölln und ich +++

„Hier wohnen nur Deutsche, bei uns im Haus!"

Es ist Frühling, die Sonne scheint, ein Samstag im April 2003. Ich bin erst seit einigen Tagen in Berlin, in der „großen, gedrängten Stadt", wie es Arthur Schopenhauer einst formuliert hat.

Allerdings kommt mir Berlin nicht besonders „groß und gedrängt" vor - unruhig schon eher - vielleicht deshalb, weil ich gerade aus London - nach einem Zwischenstopp in Hamburg - hierher gezogen bin. Meine erste Unterkunft ist eine 1-Zimmer-Wohnung in Neukölln, Ecke Boddinstraße. Für einen Monat habe ich die Wohnung gemietet, von dem Bruder einer Bekannten, der in dieser Zeit zu seiner Freundin gezogen ist.

In diesem Zeitraum muss ich eine eigene Wohnung gefunden haben. Deshalb stehe ich jetzt hier, vor diesem Mietshaus aus wilhelminischer Zeit, dessen Putz von den Wänden bröckelt. Das Haus befindet sich nur einige Gehminuten von der S-Bahnstation Hermannstraße entfernt.

Die Gegend wirkt etwas abgetakelt, heruntergekommen zum Teil. Uringeruch liegt in der Luft.

„Hier wohnen nur Deutsche, bei uns im Haus. Keine Ausländer, darauf sind wir stolz!“

Der Mann, der mir diese Sätze zur Begrüßung entgegenschleudert, wobei er das Wort „Ausländer" ausspuckt wie ein altes Kaugummi, ist Herr B., der Hausmeister, mit dem ich mich zur Wohnungsbesichtigung verabredet habe. Herr B. ist mit einem ausgebeulten Blaumann bekleidet, ist von kleiner, gedrungener Statur, trägt einen Schnauzbart und neigt anscheinend zu erhöhtem Blutdruck, zumindest wenn man seine krebsrote Gesichtsfarbe in diese Richtung deuten möchte. Herr. B. führt mich ins Haus. Während ich ihm folge, fällt mir auf, dass er humpelt. An der Eingangstür kommt uns einer der „deutschen" Mieter entgegen, eine langhaarige Hippietype, schon am frühen Vormittag sternhagelvoll.

„Hallo Matze!", begrüßt Herr B. den Mieter jovial. *„Schau mal, dit ist ein Journalist, der will hier einziehen!"* Matze schaut mich kurz an, torkelt dann weiter die Straße entlang. Weiter geht's. Herr B. schnauft und stöhnt, während wir uns im Treppenhaus nach oben bewegen. In der zweiten Etage bleibt er kurz stehen, tritt mit dem Fuß gegen eine Wohnungstür. *„Das Arschloch hat schon drei Monate keene Miete mehr bezahlt. Wenn ick den erwische,*

dann haue ick dem wat in die Fresse!", erklärt Herr B. in meine Richtung. Ich bemühe mich um einen verständnisvollen Gesichtsausdruck, entgegne: *„Dafür ist er aber Deutscher!"*, worauf Herr B. mir einen bösen Blick zuwirft.

Endlich sind wir vor der Wohnung angekommen, die zur Vermietung angeboten wird. Herr B. steckt den Schlüssel ins Schloss. Die Tür öffnet sich mit einem lauten Knarren. Wir treten ein.

Spinnweben hängen an der Decke, Tapeten rollen sich von der Wand. Ein undefinierbarer Geruch hängt in der Luft. Es riecht nach Schimmel, Sauerkraut und alten Socken. Ein Duft, wie man ihn auch aus den Neuköllner Eckkneipen im Vorbeigehen vernimmt, wo das ausgemusterte Lumpenproletariat die Tage und Nächte bei Fusel und Futschi im Dämmerlicht verbringt. Ich versuche mir auszumalen, wie der letzte Mieter dieser Wohnung ausgesehen hat. Wie er hier gehaust hat, lässt sich nicht übersehen. Herr B. unterbricht meine Gedanken, reißt die Balkontür auf, tritt hinaus. *„Sie können natürlich zwei Monate mietfrei wohnen, ist doch klar. Schauen Sie mal, die schöne Aussicht, direkt auf den Friedhof."* Um Herrn B. nicht zu enttäuschen, vielleicht reagiert er ja mit einem Herzanfall, heuchele ich echtes Interesse.

Dabei steht für mich fest: Hier werde ich nicht einziehen, selbst wenn ich ein halbes Jahr mietfrei wohnen könnte. *„Ja, aus der Wohnung kann man was machen!"*, höre ich mich sagen. *„Dufte"*, antwortet Herr B. *„Wir sind auch an anständigen Mietern interessiert, hier bei uns im Haus. Wir sind hier nämlich eine einjeschworene Jemeinschaft!"*

In Gedanken male ich mir aus, wie Herr B. im Falle eines Einzuges jeden Abend vor meiner Tür stehen würde, mit einer Palette Bier unter dem Arm, ein Kartenspiel in der Hand, fremdenfeindliches Gequatsche inklusive. Bin ich deshalb nach Berlin gekommen? Und überhaupt, warum suche ich eine Wohnung in Neukölln?

Berlin ist groß, sei nicht so bequem, schaue dich in anderen Stadtteilen um. Was habe ich überhaupt hier verloren, in einem der verrufenen Stadtteile Berlins? Meine Freunde aus Mitte lehnen jede Einladung zu mir nach Neukölln ab, obwohl die U-Bahnfahrt nur 20 Minuten dauert und man noch nicht einmal umsteigen muss. Unter Berlinern, zugezogenen wie alteingesessenen, gilt als sicher, dass dieser Stadtteil nichts weiter ist als ein Schandfleck. Auftreten, Aussehen und Verhaltensweisen der Neuköllner gelten als nicht gesellschaftsfähig.

„Wir alle sind mal in Neukölln angefangen", äußerte die attraktive Bedienung in einer Bar in Schöneberg und spendierte mir einen Drink, nachdem ich ihr gesagt hatte, wo ich momentan wohne. Selbst die Ostberliner – nach eigener

Interpretation Menschen 2. Klasse – schauen herab auf Neukölln. *„Ich bin froh, wenn ich wieder im Osten bin!"*, hörte ich neulich eine junge Frau in der U-Bahn sagen, als der Zug gerade im Bahnhof Hermannstraße einfuhr.

Was anfangs noch humorvoll erscheint, erwächst zwischenzeitlich zu einem Imageproblem, und eine Adresse in Neukölln ist alles andere als eine akzeptable Visitenkarte. Dabei fühle ich mich hier eigentlich ganz wohl. Ich mag die etwas heruntergekommen Altbauten, die Baum bestandenen Straßen, die kleinen Läden und das bunte Straßenbild. Spuren eines Ghettos, ja eines Slums, wie im Volksmund öfter behauptet, kann ich in den Straßen Neuköllns beim besten Willen nicht entdekken. Vielleicht liegt es daran, dass ich in London teilweise in viel härteren Vierteln gelebt habe. In Deutschland neigt man ja gerne zur Überdramatisierung. *„So, jetzt darf ick Sie noch in meine Wohnung bitten, auf ne Tasse Kaffee"*, unterbricht Herr B. meine Gedanken.

Seine Wohnung liegt im Erdgeschoss. Frau B. öffnet die Tür. Sie trägt einen Bademantel und Lokkenwickler im Haar. *„Du hast Besuch mitjebracht? Hättest Du mir ja auch sagen können. Da tue ich mir ja genieren."* Herr B. stellt mich kurz vor, Frau B. klimpert mit den Wimpern, verschwindet dann in der Küche, um Kaffee und Schnittchen (mit ordentlich wat druff) zuzubereiten. Herr B. und ich nehmen im Wohnzimmer Platz. Die Einrichtung wirkt kleinbürgerlich, fast spießig, die Möbel sind von zweifelhaftem Stil. An den Wänden hängen kitschige Bilder, in den Regalen türmen sich Nippes-Artikel.

Der Blaumann von Herrn B. glänzt speckig. Frau B., die ihren Bademantel in der Zwischenzeit gegen rosa Leggings und eine gelbe Bluse getauscht hat, kommt aus der Küche zurück, stellt ein Tablett auf dem Wohnzimmertisch ab. Die Schrippen biegen sich unter Tonnen von Aufschnitt, der Kaffee dampft heiß in den Tassen. Herr B. gönnt sich eine Portion Hackepeter. Eigentlich ist mir das Ehepaar B. jetzt recht sympathisch, doch da macht er den Mund wieder auf. *„Ick bin ja kein Faschist. Aber, wat uns das Holokaust-Denkmal kostet ..."*

Frau B. schenkt mir Kaffee nach, bietet dann noch eine Käseschrippe an, die sie liebevoll mit kleinen Gürkchen dekoriert hat. *„Ja, und das janze Geld jeht in den Osten, wa! Hier sieht es ja schon schlimmer aus als in Polen, aber im Osten, unter den Linden, wie zu Kaisers Zeiten"*, ergänzt sie, während sie sich eine Zigarette anzündet.

Es ist erstaunlich, soziologisch betrachtet stellen die Ureinwohner von Neukölln eine verfolgte Minderheit dar. Doch gerade dieser Menschenschlag, der Durchschnittsneuköllner ohne ersichtlichen Migrationshintergrund, klammert sich an einen kleinbürgerlichen Lebensstil und macht daraus eine Religion. Herr B. schwärmt von seinem Schrebergarten, JWD (Janz weit Draußen), von „deutschen Tugenden", zu denen er Sauberkeit, Ordnung und Pünktlichkeit zählt. Trotzdem überkommt ihn der Zweifel, wohl wissend, dass der Lebensraum für Menschen wie ihn und seine Frau immer weiter schrumpft. Ihr Neukölln ist bedroht von Einwanderern, Globalisierung, vom Zahn der Zeit. Deshalb klammern sie sich an die Vergangenheit, an die Zeit vor dem Mauerfall. *„Früher, vor 89, da war allet besser"*, erzählt Frau B., die im Osten eine Stelle als Kassiererin im Supermarkt hat. *„Die Kneipen waren noch voll, dit Jemeinschaftsjefühl war ein anderes. Wer wirklich arbeiten wollte, der bekam auch Arbeit"*, erzählt sie. *„Wir lebten im Paradies, aber wir wussten es nicht"*, ergänzt sie.

So viel Nostalgie, denke ich bei mir, bevor ich mich von dem Ehepaar B. verabschiede. Das Ehepaar B. verkörpert die Grundstimmung in Neukölln, wie ich sie in diesen Tagen wahrnehme. Einsam, verbittert, verloren, irritiert, zurückgeblieben, alleingelassen, übersehen, problembeladen, dabei aber zutiefst menschlich. Wir vereinbaren, dass ich mich bei der Hausverwaltung melde, um den Umzug in die Wege zu leiten.

Dazu wird es niemals kommen. Nachdem mich Herr B. noch bis zur Haustür begleitet und mit Handschlag verabschiedet, fühle ich mich schäbig. Warum habe ich ihm nicht reinen Wein eingeschenkt? Aber, er wird sicher bald einen Mieter finden, einen Deutschen, der ihm noch länger das Gefühl gibt, alles bleibt beim Alten, nichts wird sich ändern, Menschen wie er werden noch gebraucht.

Kurz bevor ich die Haustür hinter mir ins Schloss fallen lasse, wird Herr B. noch von einer erregten Mieterin angesprochen: *„Horchen se ma, wie det knackt, wie der Putz hinter der Tapete runterjeschoddert kommt! Allet is hier morsch, überall Unjeziefer, von Ratten und Mäusen zerfressen. Der janze Boden kann jeden Oogenblick bis in den Keller durchbrechen ...“*

Meine Berliner Jahre liegen vor mir, für die ich mir vorgenommen habe, mich als freier Journalist zu etablieren.

Es werden 7 Jahre vergehen, bis ich wieder nach Neukölln ziehe. Aber, Berlin ist dann schon eine ganz andere Stadt, und Neukölln ein ganz anderer Bezirk.

In meinem Wohnhaus gibt es einen Konflikt, eine Fehde, ja, eine kriegerische Auseinandersetzung.

Die Konfliktparteien bestehen aus meiner Nachbarin Frau W., der letzten Ureinwohnerin von Neukölln, die ich euch ja schon einmal vorgestellt habe, sowie der Mieterin aus dem fünften Stock, einer Musikerin.

Diese Dame nennt sich *„Das Mädchen Chantal"*, obwohl ihr 30. Geburtstag schon länger zurückliegt, ja, und auch ihr 35. nicht gerade gestern gefeiert wurde. Chantal ist eine attraktive Dame, nur ihre Augen glänzen etwas zu sehr und ihre Pupillen sind häufig etwas erweitert, was an ihren Kontaktlinsen liegt, wie sie gerne beteuert.

Chantal hat sehr schlanke, gepflegte Hände, ihre Fingernägel sind sorgsam lackiert. Überhaupt ist sie immer sehr modisch gekleidet, obwohl sie Kleidung vom Flohmarkt trägt, die sie geschickt kombiniert und sich dabei von Illustrierten und der

Berliner Fashion Week inspirieren lässt. *„Ich weiß, was angesagt ist!“*, pflegt sie regelmäßig zu sagen.

Chantal stammt nicht etwa aus Frankreich, wie man aufgrund ihres Namens denken könnte, - in Wirklichkeit heißt sie anders, wie sie mir einmal anvertraute, nämlich Christina - sondern aus einem Dorf in Friesland, in der Nähe der niederländischen Grenze, wo schon nachmittags die Bürgersteige hochgeklappt werden und der Nebel sechs Monate im Jahr durch die Gassen wabert.

Chantal tritt regelmäßig in den rauchigen Bars von Kreuzkölln auf, wo sie ihr Repertoire, französische Chansons und lateinamerikanische Balladen, darbietet. Außerdem ist Chantal politisch aktiv und Mitglied bei der Partei „die Linke“, was meine Nachbarin Frau W. verdächtig findet und ihr deshalb den Verfassungsschutz auf den Hals hetzen möchte, wobei sie nicht weiß, an wen sie sich wenden muss. Als sie mich deswegen um Rat fragte, gelang es mir, schnell das Thema zu wechseln, indem ich Frau W. ein Kompliment bezüglich der smaragdgrünen Farbe ihres Bademantels machte.

Regelmäßig wird der Hausflur von lautstarken Tönen erschüttert, immer dann, wenn sich Frau W. und Chantal im Treppenhaus begegnen.

Heute Vormittag war es besonders heftig. Als der Lärm begann, schaute ich durch den Türspion. Frau W. war gerade dabei, den Hausflur aufzuwischen, wobei sie schnaufte wie eine alte Dampfmaschine, als Chantal auf hochhackigen Schuhen die Treppen herunterkam.

„Müssen Sie immer so einen Lärm verursachen, wir sind doch hier nicht auf dem Tanzboden von einem ihrer Etablissements!“, fauchte Frau W., wobei sie Etablissement wie Etablissemäng aussprach.

„Ach, halten Sie doch ihren Mund, Frau W.!“, keifte Chantal zurück. *„Wenn Sie durch das Treppenhaus stampfen mit ihrem Übergewicht, ist doch das Haus einsturzgefährdet!“*

Frau. W. stemmte jetzt die Hände in ihre Hüften, senkte dann ihren Kopf etwas zur Seite: *„Sie impertinentes Frauenzimmer! Na, dass Sie keinen Anstand haben, sieht man ihnen ja an, so anjemalt wie Sie* *sind. Neulich haben Sie ja auch wieder oben ohne am Fenster gestanden, wie am FKK-Strand auf Usedom. Jede anständige Dame täte sich da genieren. Ick habe vielleicht etwas zu viel auf den Rippen, aber ick loof nicht rum wie ein billiges Flittchen. Sie mit ihrer lauten Musik und ihren Männerbekanntschaften.“*

Chantal setze jetzt ein überlegenes Lächeln auf: *„Nur kein Neid, Sie alte Trokkenpflaume. Außerdem bin ich Künstlerin, ein Nachwuchs-Talent, aber davon verstehen Sie nichts, Sie kleingeistige Spießerin!“*

Frau W. verzog angewidert das Gesicht. *„Ja ja, nicht mehr janz taufrisch, nicht mehr janz jung, aber immer noch Nachwuchs-Talent, det ist ja zum Brüllen!“*

Chantals Gesichtsfarbe änderte sich jetzt von Rouge-Rosa zu Tomatenrot. *„Sie alter Trampel, Sie Hausdrachen, was erlauben Sie sich, wie reden Sie mit einer Dame?“*

Frau W. grinste teuflisch. *„Mit einer Dame? Ick seh hier aber nur eine Dame, det bin icke! Sie sind doch eine Dirne, ja jenau, eine Dirne!“*

Chantal geriet in Rage, fast sah es so aus, als würde sie die Fassung verlieren. Stattdessen stieß sie mit einem kräftigen Tritt den Eimer von Frau W. um, worauf sich eine braune Brühe über den Hausflur ergoss.

„Sie Terroristin!“, brüllte Frau W. der Musikerin hinterher, die wutentbrannt das Haus verlassen hatte, wobei sie die Eingangstür krachend ins Schloss fallen ließ. *„Sie Kommunistin, gehen Sie doch nach drüben!“*

+++ Anka die Putzfrau +++

Berlin-Neukölln, ein regnerischer Frühlingstag.

Gerade hat Anka K. die U-Bahnstation Hermannplatz verlassen, läuft mit schnellen Schritten hinüber zur Bushaltestelle, von wo der M 29 Richtung Kreuzberg fährt.

Anka K. trägt eine dezente Leinentasche bei sich, in der sich Putzutensilien befinden. In ihrer Manteltasche klappert ein Schlüsselbund, an dem die Schlüssel zu den Wohnungen ihrer Arbeitgeber befestigt sind.

Anka K. ist Putzfrau für 8 Euro die Stunde. Sie arbeitet im Durchschnitt 8 Stunden täglich, fünf bis sechs Tage in der Woche. Ich lernte sie vor einigen Tagen bei Bekannten kennen.

Nachdem wir uns einen Augenblick unterhalten hatten, schlug ich ihr vor, sie einmal auf ihrer Runde durch die Wohnungen Neuköllns zu begleiten, wogegen sie nichts einzuwenden hatte, ganz im Gegenteil.

Sie meinte, dadurch vergehe die Zeit schneller. Anka K., eine lebenslustige Frau von 54 Jahren, stammt aus einem kleinen Ort am Stettiner Haff, nur eine halbe Autostunde von der deutschen Grenze entfernt. Während der Woche wohnt sie bei ihrer Cousine im Stadtteil Tempelhof, die schon vor vielen Jahren nach Deutschland kam.

Früher hat sie als Sekretärin auf der Werft in Stettin gearbeitet, woher auch ihre sehr guten Deutschkenntnisse stammen. Anka hat gute Laune.

„Bald ist Sommer, dann trifft sich die ganze Familie!", stellt sie zufrieden fest. Gestern Abend ist sie wieder in Berlin angekommen. Ihr Nachbar, ein Fliesenleger, der sich in ganz Deutschland auf dem Bau verdingt, nimmt sie in der Regel mit, fährt sie auch freitags oder Sonnabend früh wieder nach Hause. *„Wir quetschen uns dann zu fünft in einen Fiat Polski"*, fügt sie ergänzend hinzu.

„Es ist schon verrückt!", sinniert Anka. „Ich verdiene hier in Berlin mein Geld als Putzfrau, um mir unter anderem eine ukrainische Altenpflegerin zu leisten, die für meine kranke Mutter zuhause sorgt!"

Der Bus kommt, die Türen öffnen sich, Anka sucht sich einen Platz in der hintersten Sitzreihe. Die Polin wirft einen prüfenden Blick in ihre Tasche, streift sich eine blondierte Haarsträhne aus dem Gesicht, schaut dann gedankenverloren aus dem Fenster.

Ankas Ehemann kam vor Jahren bei einem Verkehrsunfall ums Leben. Die vier Kinder sind längst aus dem Haus. Die Tochter ist in Warschau verheiratet und erwartet ihr zweites Kind. Der älteste Sohn lebt in Danzig, betreibt dort ein Geschäft für Party-Artikel. Ein anderer arbeitet in Norwegen auf dem Bau. Der Jüngste – sie nennt ihn „mein Baby" – zog vor 9 Jahren mit dem EU-Beitritt Polens nach London, wie Hunderttausende seiner Altersgenossen. Dort ist er Geschäftsführer in einem Hostel, befindet sich allerdings aktuell auf einer halbjährigen Weltreise. Zweimal in der Woche kommuniziert sie mit ihm, per Skype. Beim letzten Mal befand er sich gerade an einem Ort, den sie nicht aussprechen kann, irgendwo zwischen Bangkok und Perth.

„Ihr Deutschen habt einen großen Fehler gemacht! Ihr hättet 2004 gleich den Zugang zum Arbeitsmarkt für uns EU-Neubürger öffnen sollen. Die besten Köpfe sind jetzt aber schon vergeben, nur alte Schachteln wie ich kommen jetzt nach Deutschland!“, gibt sie lachend zu bedenken.

Anka arbeitet seit Mai letzten Jahres, seitdem die Bewohner der 2004 beigetretenen EU-Mitgliedsstaaten freien Zugang zum deutschen Arbeitsmarkt haben, als Putzfrau in Berlin. Der Bus hält. Anka steigt aus. Von hier sind es nur wenige Gehminuten bis zu ihrer ersten Arbeitsstelle. Ein grauer Jugendstilbau, die Fassade ist mit Graffiti verziert. Anka öffnet die Tür.

In der zweiten Etage, vor der Wohnungstür, sucht sie noch einmal den richtigen Schlüssel heraus, steckt diesen ins Schloss, zieht die Schuhe aus und betritt die Wohnung. Die schwarze Leinentasche stellt sie ab. *„Einige Kunden haben nicht einmal die einfachsten Dinge im Haus, deshalb muss ich so viel mit mir herumschleppen!“* Vor dem Spiegel im Badezimmer bindet sie ihre Haare zu einem Zopf, dann geht es los. Die meisten ihrer Kunden sind berufstätig, also nicht anwesend, während Anka die Wohnung putzt. In der Regel wird sie als vertrauenswürdige und fleißige Arbeitskraft empfohlen, sodass die Kunden ihr die Schlüssel aushändigen und den Lohn an einem bestimmten Platz in der Wohnung – je nach Absprache – hinterlassen.

Die Wohnung besteht aus drei Zimmern. Hohe Decken, Parkett-Fußboden, Halogen-Sparlampen. Die weißgetünchten Wände sind mit naiven Malereien geschmückt. *„Hier wohnt ein Junggeselle!"*, seufzt Anka, während sie den Wandschrank öffnet, in dem es von müffelnder Schmutzwäsche wimmelt. Die Schlafcouch im Wohnzimmer ist von Essensresten übersät, auf dem Boden steht ein prall gefüllter Aschenbecher. In der Küche tropft der Wasserhahn. Anka stemmt die Hände in die Hüften.

„Also, so findet der keine Frau!", äußert sie, während sie mit schnellen Griffen ihre Arbeit erledigt. Auf dem Küchentisch stapeln sich Zeitungen, naturwissenschaftliche Fachzeitschriften und Magazine, „Geo", „Der Spiegel", „Psychologie Heute", „Playboy" *„Wenn ich nur wüsste, was davon weg kann!"*, stöhnt Anka. *„Der Kunde hat eigentlich einen gutbezahlten Job, arbeitet als Physiker in einem Institut, aber Ordnung halten kann er nicht"*, erwähnt sie, während sie die Waschmaschine startet, um danach Teller und Gläser in den Geschirrspüler zu packen.

R.S.: *„Anka, findest du es nicht auch merkwürdig, dass Neukölln in Deutschland als sozialer Brennpunkt gilt, obwohl sich so viele Bewohner hier anscheinend eine Putzfrau leisten können?"* Anka (amüsiert, als hätte sie sich diese Frage auch schon gestellt und die Antwort witzig gefunden): *„Ich finde das sehr komisch. Ich habe sogar Kunden, die leben von Hartz … wie heißt das … Hartz 4 und können sich trotzdem eine Putzfrau leisten. Doch gleichzeitig klagen sie, wie schlecht es ihnen geht und dass sie am Existenzminimum leben. So ein Quatsch."*

Nach ca. 90 Minuten hat Anka die Wohnung auf Vordermann gebracht, das saubere Geschirr in die Regale eingeräumt, die Wäsche zum Trocknen auf die Leine gehängt, den Boden gewischt und den Müll verstaut, sowie das Badezimmer zum Strahlen gebracht. Von einem Porträt-Foto aus, welches auf dem Schreibtisch in einem Rahmen steckt, scheint der Wohnungsinhaber – ein fülliger Mann mittleren Alters mit Geheimratsecken – Anka zufrieden zu beobachten. Daneben liegt noch ein anderes Foto. Der gleiche Mann neben einer stark geschminkten Blondine an einem Bar-Tresen. Beide sehen betrunken aus. Im Hintergrund ist die Aufschrift BIERHIMMEL zu entziffern.

Anka schaut sich noch einmal um, wischt sich eine Schweißperle aus der Stirn, holt dann eine Papiertüte aus ihrer Tasche und setzt sich an den Küchentisch. *„Piroggen sind meine Nervennahrung!"*, erwähnt sie schmunzelnd, während sie eine der selbstgemachten Teigtaschen genießt. *„Die habe ich immer im Putzbeutel. Nach jeder Wohnung gönne ich mir eine, habe dann ja auch einige Kalorien verbrannt!"* Zum Abschluss greift Anka in die oberste Schublade eines Regals. Dort, in einem weißen Umschlag, befinden sich 12 Euro. Anka steckt das Geld ein, schaut auf die Uhr, verlässt die Wohnung.

Um ihr Pensum zu schaffen, drei Wohnungen an diesem Vormittag, muss sie sich beeilen. Für längere Pausen bleibt keine Zeit. Der nächste Einsatzort liegt nur eine Straßenecke entfernt. Ein modernes Appartementhaus, Domizil einer Altenpflegerin Mitte 30.

„Hoffentlich erwische ich nicht wieder irgendeinen ihrer Liebhaber im Schlafzimmer. Die Dame führt einen lasterhaften Lebensstil", gibt Anka preis, während sie den Fahrstuhl betritt, um in die fünfte Etage zu gelangen.

„Einmal – ich hatte gerade die Tür geöffnet – trat ein junger Mann auf den Flur, splitterfasernackt, lächelte mich an und fragte, ob ich auch einen Kaffee möchte. Daraufhin habe ich sie dann gebeten, mich vorher zu informieren, wenn ich nackte Männer in ihrer Wohnung antreffen würde. Die Dame ist sehr liebenswürdig, ich mag sie gerne. Sie lebt von ihrem Mann getrennt, einem Libanesen, der auch ihre Kinder aufzieht. Ein Mädchen und ein Junge, 9 und 13 Jahre alt. Deshalb leidet sie an Schuldgefühlen und betäubt diese mit Alkohol und Männerbekanntschaften. Für meinen Geschmack etwas zu viele, aber das geht mich ja nichts an. Obwohl sie mich äußerlich an meine Tochter erinnert. Wir haben uns angefreundet. Einmal ging es ihr sehr schlecht. Ich traf sie verweint in ihrer Wohnung an und machte uns beiden gleich einen Tee. Sie vermisste mal wieder ihre Kinder. Ich nahm sie dann in den Arm, wir redeten eine Stunde

lang, danach hat sie selbst geputzt, mich aber trotzdem bezahlt.“ Während Anka die Tür öffnet, verschafft sie sich einen raschen Überblick über den Zustand der Wohnung. *„Heute ist hier nicht viel zu tun!“, stellt sie zufrieden fest. „Nur etwas Staub wischen. Es ist halt eine ordentliche Kundin!“* Von den Bücherregalen und CD-Ständern abgesehen ist die Wohnung angenehm leer. Die Wände sind mit den Fotos ihrer Kinder geschmückt. Auf dem Schreibtisch steht ein aufgeklappter Laptop, daneben liegt ein Reisepass, ein Schreiben vom Arbeitsamt, sowie ein geöffneter Lonely Planet Reiseführer für Kroatien. *„Nein, nein, ein Elendsviertel ist etwas ganz anderes“*, äußert Anka und nimmt damit die in der ersten Wohnung begonnene Konversation wieder auf.

R.S.: *„Anka, hast du davon gehört, dass der Bürgermeister von Neukölln, Heinz Buschkowsky, ein Buch geschrieben hat? Es heißt „Neukölln ist überall“.* Anka (erstaunt und interessiert zugleich): *„Nein. Ich kenne mich zwar mit Politik nicht gut aus, aber sollte ein Bürgermeister sich nicht mit anderen Dingen beschäftigen? Wer liest denn so etwas?“*

R.S.: *„Es war monatelang in den Bestsellerlisten, der Bürgermeister wurde dadurch Millionär. Es geht um die Probleme mit Integration, Einwanderung etc.“*

Anka: *„Wenn er jetzt Millionär ist, dann kann er das Geld ja für soziale Zwecke einsetzen, hier* *in Neukölln, zumindest einen Teil davon. Einwanderung? Ist das immer noch ein Thema hier? Das begann doch schon vor Jahrzehnten bei Euch in Deutschland, oder? Hat man sich noch nicht daran gewöhnt? Es gibt ja überall solche und solche. Aber, wenn ich mich hier so umschaue, in Neukölln, oder auch in anderen Bezirken Berlins, die Einwanderer sind doch überall. Und, wenn du mich fragst, die halten die Stadt am Leben. Wer betreibt denn hier die ganzen Geschäfte?! Vorhin, zum Beispiel, als wir an der Bäckerei vorbeigingen, da saßen nur Deutsche, tranken Kaffee. Was wäre denn Neukölln ohne Einwanderer? Nichts, meiner Meinung nach. Wenn es den Menschen zu gut geht, dann wer*den sie zu *bequem, erwarten alles vom Staat. Genau das ist in Deutschland passiert. Dann kommen die Einwanderer, füllen die Lücken, verändern das Umfeld. Das wird in Polen auch so passieren, es fängt gerade an. Alle schimpfen auf die Vietnamesen, die Russen, die Ukrainer, die Zigeuner vor allem, dabei sind Millionen Polen selbst ausgewandert, bis vor Kurzem.*"

Anka wischt schnell über den Fußboden, staubt die Bücherregale ab, gießt die Zimmerpflanzen. Ihr Geld liegt diesmal auf der Kommode im Flur, unter einem Schuhanzieher. „*Fertig!*" ruft sie aus, während eine Pirogge von ihrer Hand in den Mund wandert, wobei sie genießerisch die Augen schließt.

Draußen regnet es jetzt stärker, der Wind hat zugenommen. Anka öffnet einen Regenschirm, läuft zur U-Bahnstation, fährt eine Station weiter zu der letzten Wohnung an diesem Vormittag, bevor sie sich in einem kleinen Café stärken wird. Die nächste Wohnung liegt in der Karl-Marx-Straße, wird von einem pensionierten Lehrer-Ehepaar bewohnt. Ein sorgfältig sanierter Altbau neben einer Eisdiele, gleich gegenüber vom Rathaus Neukölln.

„Am liebsten würde ich diese Putzstelle kündigen – ich kann das Ehepaar nicht ausstehen. Das sind so richtige Alt – wie heißt das bei Euch? Die früher immer demonstriert und Haschisch geraucht haben ... ?!"

R.S.: *„Du meinst vielleicht Alt-68er, Anka?"*

Anka: *„Genau, 68er – links reden, rechts leben. Machen auf multikulti und sozial, beschweren sich aber über den Lärm der türkischen Kinder und zahlen mir auch nur einen Hungerlohn, obwohl die wirklich sehr wohlhabend sind und kinderlos. Dafür haben sie eine fette Katze, die mehr Geld verfrisst als fünf Kinder. Wenn du mich fragst, diese 68er gehören ins Altersheim."*

Anka schließt die Tür auf. In der Wohnung riecht es abgestanden. Fünf Zimmer, zwei Balkone. Die Einrichtung besteht überwiegend aus Antiquitäten. An den Wänden hängen Radierungen, die wertvoll zu sein scheinen. Eine dikke Perserkatze schlummert in ihrem Korb, ein Kanarienvogel trillert in seinem goldenen Käfig.

Auf dem Wohnzimmertisch liegt die EMMA aufgeschlagen, neben einem Prospekt über Immobilien in der Toskana. Über dem Schreibtisch hängen Fotos an der Wand: Die Inhaber der Wohnung, ein ältliches Ehepaar, zusammen mit Joschka Fischer auf einer Veranstaltung. Alle drei grinsen wie die Honigkuchenpferde, sehen wohlgenährt aus. Sie hat hüftlange Haare, trägt ein wallendes Gewand, er einen Backenbart. Daneben, das Ehepaar vor dem Zuckerhut in Rio, der Basilius-Kathedrale in Moskau, beim Wandern in irgendeiner Mittelgebirgslandschaft. Anka schmeißt den Staubsauger an, wuselt durch alle Räume, ihr Rücken schmerzt. *„Das sind ganz penible Kunden, ich sagte es ja schon!"* Mit missmutigem Gesicht reinigt sie das Katzenklo und füllt eine Dose „Whiskas" in den Futternapf. Die Perserkatze miaut zufrieden.

„Weißt du, wie die Katze heißt? Rosa, so wie Rosa Luxemburg. Der Kanarienvogel drüben im Wohnzimmer wurde Karl getauft, so wie Karl Marx. Komisch, oder? Die werten Herrschaften hätten es keine drei Tage bei uns in Polen ausgehalten während des Kommunismus. Schau doch mal in den Kühlschrank!" Gesagt, getan.

Der Kühlschrank des linken Lehrerehepaares entpuppt sich als Füllhorn dickmachender Köstlichkeiten: Pastete aus dem KDW neben einer Marzipantorte und anderen Leckereien. *„Links reden, rechts leben"*, wiederholt Anka und wirft der Katze einen bösen Blick zu. Anka sieht jetzt erschöpft aus, eine Haarsträhne fällt ihr ins Gesicht. Fünf Stunden sind seit ihrem Arbeitsbeginn vergangen, drei Wohnungen hat sie auf Vordermann gebracht. Sie öffnet den für sie auf dem Küchentisch liegenden Umschlag, nimmt das Geld heraus und liest den dazugehörigen Brief.

Liebe Anka,

wie wir feststellen mussten, haben Sie sich nicht daran gehalten, so wir es Ihnen nahegelegt hatten, vegane Putzmaterialien zu verwenden. Es mag in Ihrem Heimatland üblich sein, sich nicht um ökologische Belange zu scheren, aber hier bei uns verfolgt man einen ökologischen, nachhaltigen Ansatz, zum Schutz unserer Umwelt. Das gilt auch gerade für die Hauswirtschaft. Sie kennen vielleicht den Slogan 'Think globally, act locally'. Das ist Englisch und bedeutet so viel wie, „Denke global, aber handele regional." Ihr Hinweis, Sie könnten sich keine ökologisch abbaubaren Reinigungsmittel leisten, ohne den jetzigen Stundenlohn zu erhöhen, hatte Ihnen mein Ehemann ja neulich eindeutig widerlegt, in seiner Aufstellung. Hätten Sie bei Ihrer Tätigkeit, hier in Berlin, von Anfang an einen nachhaltigen Ansatz verfolgt, wären Ihnen keine Unkosten entstanden. Ferner hatten wir Ihnen – in unserem letzten Schreiben – eine Liste beigefügt, wo Sie günstig die von uns erwünschten Produkte hätten erwerben können. Wie wir leider feststellen mussten, benutzen Sie immer noch umweltschädliche Allzweckreiniger und Reinigungstücher. Das Selbe gilt für die von Ihnen verwendete Schmierseife, Scheuermilch, sowie für die Laminat- und Korkpflege, als auch für die Parkettpflege. Unsere Katze Rosa wirkt jedes Mal verstört, nachdem Sie in unserer Wohnung waren. Wir haben uns deshalb dazu entschlossen, das Arbeitsverhältnis mit dem heutigen Tage zu beenden. Hinterlegen Sie die Wohnungsschlüssel bitte auf dem Küchentisch.

Vielleicht sollten Sie auch in Erwägung ziehen, sich in Polen eine Stelle zu suchen, um unsere Umwelt zu schonen und diese nicht durch Ihr permanentes pendeln – per PKW – zu strapazieren.

MfG

Anka schmunzelt, nachdem sie den Brief gelesen hat. Dann steht sie auf, geht langsam auf den Kühlschrank zu, öffnet diesen, holt die Marzipan-Torte heraus und würzt diese kräftig mit dem Salzstreuer. Anschließend stellt sie alles wieder zurück an seinen Platz.

Es ist früher Nachmittag. Anka holt die letzte Pirogge aus ihrer Tüte. *„Lass uns gehen!“* sagt sie. *„Ich habe Mittagspause. Außerdem ersticke ich hier in dieser Wohnung“.* Beim Hinausgehen wirft sie noch einen letzten Blick auf die Räumlichkeiten: Fünf Zimmer, zwei Balkone, Antiquitäten und wertvolle Radierungen an den Wänden, 8 Euro Stundenlohn als Putzfrau.

„Mach es gut Rosa, du bist eigentlich ganz in Ordnung, was man nicht von deinem Frauchen und Herrchen behaupten kann“, ruft Anka der Katze zum Abschied zu, bevor sie die Tür – *etwas zu laut – ins Schloss fallen lässt.*

Unten auf der Straße hat es aufgehört zu regnen. Die frische Luft wirkt wie ein Muntermacher nach dem Mief der Lehrer-Wohnung. Wir laufen die Karl-Marx-Straße hinunter, anschließend die Boddinstraße hinauf. Altbauten säumen die baumbestandene Straße, welche an dieser Stelle leicht hügelig aufwärts führt. Mit etwas Phantasie wähnt man sich in San Francisco, oder gar Valparaiso.

Im Café Ole macht Anka ihre Mittagspause. Neben dem Tresen hängt ein großes Bild von Ole, nach dem das Café benannt wurde. Ole ist der Hund von Sezer, dem Betreiber des Cafés, einem freundlichen jungen Mann. Sezer ist gehörlos und sucht deshalb, während er die Bestellung aufnimmt, intensiven Blickkontakt mit seinen Gästen, wenn diese, wie in unserem Fall, nicht die Gebärdensprache beherrschen.

„Ich komme gerne hierher. Das Café ist sehr schön und man wird meistens von dem Gequatsche anderer Gäste verschont" sagt Anka, während Sezer selbstgebackenen Kuchen und Kaffee serviert.

Anka schaut aus dem Fenster, sieht jetzt nachdenklich aus. *„Lange werde ich diese Tätigkeit hier in Berlin wohl nicht mehr ausüben. Dieser Brief heute* *hat es mir vor Augen geführt. Außerdem möchte ich mehr Zeit zu Hause verbringen, meine kranke Mutter braucht mich auch.*" Anka gießt etwas Sahne in den Kaffee.

R.S.: „*Anka, woran denkst du gerade?*"

Anka (melancholisch): „*An meine nächste Kundin, Frau Müller-Özdemir. Die ist nett, die zahlt mir mehr als alle anderen. Und an meine anderen Kunden, die hoffentlich eine gute Putzfrau finden, wenn ich bald nicht mehr hier bin. Aber am meisten denke ich an meine Familie, an meine Kinder und Enkelkinder, bald sind es zwei; wie selten wir uns sehen. Ich wünsche mir einfach, dass ich mit ihnen mehr Zeit verbringen kann. Das Leben zieht so schnell vorbei.*"

Ankas Mobiltelefon klingelt. Sie schaut auf das Display, nimmt dann den Anruf entgegen. Frau Müller-Özdemir ist am Apparat und sagt den Termin für heute ab. Anka nippt an ihrem Kaffee, lächelt dabei leicht. „*Dann habe ich heute eine lange Mittagspause. Weißt du was, gleich setze ich mich in das Internet-Café gegenüber und versuche, meinen jüngsten Sohn per Skype zu erreichen. Wie spät ist es jetzt eigentlich in Australien?*", fragt sie und sieht dabei sehr glücklich aus.

Neuköllner über Neukölln
Portraits

„Ja, ich bin ein Salafist“

<< Das war vor 10 Jahren. Damals wohnte ich noch in Schöneweide bei meinen Eltern. Ich bin in so einem SED-Elternhaus aufgewachsen, Religion spielte bei uns keine Rolle, dafür Karl Marx, gottloser Dreck halt.

Damals war ich gerade in so einer schwierigen Phase. Die Jahre davor hing ich mit meinen Kumpels am S-Bahnhof rum, viele Rechte waren darunter. Wir beleidigten Ausländer, baggerten Mädels an, soffen, kifften, der ganze Scheiß halt. Wenn ich heute darüber nachdenke, blieb bei mir dabei immer ein Gefühl der Leere - eigentlich habe ich nach etwas ganz anderem gesucht.

Eines Abends saß ich alleine vor dem Rechner, schaute mir auf Youtube die Videos von Pierre

Vogel an, immer wieder, die folgenden Tage auch noch, bis ich dann irgendwann zum Islam konvertierte, indem ich die Worte aus dem Video wiederholte. *„Ich bezeuge, dass es keinen Gott gibt außer Allah, und ich bezeuge, dass Mohammed sein Gesandter ist.“*

Das Thema ließ mich nicht mehr los und ich suchte Kontakt zu gläubigen Muslimen. Ein arabischer Kollege, ein Salafist, verwies mich an die Al-Nur-Moschee.

So kam ich dann nach Neukölln. Was ich dann erlebte mit meinen Brüdern und Schwestern, das war wie ein neues Leben. Ich lebe gerne in Neukölln. Meine Frau wird hier auch weniger angepöbelt, als woanders. Irgendwann, wenn unsere Kinder etwas älter sind, werden wir aber in ein islamisches Land auswandern, nach Saudi-Arabien vielleicht.

In Schöneweide bin ich nur noch selten. Meine alten Kumpels von damals lungern immer noch am Bahnhof rum. Wenn die mich sehen, rufen sie: *„Ey Alter, siehst ja aus wie ein Taliban, willst hier wohl alles in die Luft jagen?“*

Mit meinen Eltern verstehe ich mich auch nicht mehr. Die halten mich für bekloppt, werden immer extremer und haben ihr altes Honecker-Portrait wieder aufgehängt.

Buschkowsky und sein Buch? Dazu äußere ich mich nicht. Der Verfassungsschutz wartet nur darauf.

Ja, ich bin ein Salafist.

Die Gesellschaft versteht uns halt nicht, unterdrückt uns. Aber wir sind die Zukunft, weil wir die Wahrheit erkannt haben, den Weg Gottes gehen, wie damals zu Zeiten des Propheten - Inshallah. >>

Christian, Jahrgang 1987, Heizungsbauer

„Nenne mich bitte Zigeunerin“

<< Nenne mich bitte Zigeunerin, wenn überhaupt. So stelle ich mich auch immer vor, als slowakische Zigeunerin. Dabei habe ich schon erlebt, dass die Frauen plötzlich ihre Handtaschen fester umklammerten, wenn ich sie enttäuschen musste, da ich keine Italienerin, Spanierin, Türkin oder sonst etwas bin. Glaube ja nicht, dass ich Dir aus der Hand lesen kann, oder sehr musikalisch bin.

In der Slowakei ist man als Zigeunerin der letzte Arsch, hier ist es aber auch nicht viel anders. Natürlich habe ich den Vorteil, dass ich eine abgeschlossene Berufsausbildung habe und fließend Deutsch spreche. Meinen verstorbenen Ehemann habe ich schon 1991 kennengelernt, bin dann zu ihm nach Wien gezogen. Nach seinem Tod kam ich hierher nach Berlin, nach Neukölln, weil meine Tochter hier lebt.

Die Leute glauben immer, alle Zigeuner sind ein Stamm. So ein Quatsch, das ist doch nur ein Oberbegriff für völlig verschiedene Völker, Clans und Sippen. Deutschland ist schon ein großzügiges

Land. Neukölln ist recht farbenfroh, was mir gut gefällt. Auf jeden Fall besser als der Stadtbezirk Favoriten in Wien, wo ich zuvor gelebt habe. Wenn ich was zu sagen hätte, dann sähe es hier aber anders aus. Die ganzen Schmarotzer hier, und unsereins geht arbeiten. Ich arbeite als Krankenschwester, ein aufreibender Job.

Buschkowsky ist nicht mein Fall. Den habe ich mal gesehen an der Eisdiele. Als Mann zu klein und zu dick, fast frauliche Gesichtszüge, als Politiker nichts Halbes und nichts Ganzes. Das Buch von ihm habe ich nicht gelesen. >>

Leontina, Krankenschwester, Jahrgang 1969

„Apokanata ist eine fiktive Stadt irgendwo in Deutschland. Apokanata ist auch in Neukölln."

<< Ich wohne schon sehr lange in Neukölln. Damals, als ich hierher gezogen bin, war der Stadtteil noch nicht angesagt und mit den jungen Hippen von heute bevölkert. Manchmal kam man sich schon vor wie ein Wesen von einem anderen Stern. Inzwischen habe ich aber den Eindruck – zumindest gelegentlich – die Neuankömmlinge übernehmen den Kiez etwas zu rasant, ohne sich wirklich auf das Leben hier einzulassen.

In Neukölln habe ich eine Familie gegründet, meine drei Kinder kamen hier zur Welt. Für einen kreativen Menschen, egal in welchem Bereich, war und ist Neukölln noch immer eine Quelle der Inspiration.

Neukölln ist nicht überall, der Titel von Buschkowskys Buch bietet reichlich Angriffsfläche und ist für mich ein Ausdruck von Gleichmacherei. Wohl sind die Probleme, die hier im grellen Licht medialer Öffentlichkeit beleuchtet werden, überall in Deutschland anzutreffen. Dieser Tatsache muss sich die Gesellschaft stellen. Die heutigen Zustände in Neukölln sind doch das Ergebnis einer verpfuschten Lokalpolitik.

Ich stamme ursprünglich aus Hessen. Wenn man sich beispielsweise Offenbach anschaut, eine Stadt mit einem ebenfalls hohen Anteil an Migranten, dann bemerkt man schnell, dass dort die Integration wesentlich besser funktioniert.

Deshalb schrieb ich damals auch mein Theaterstück *„Globales Ghetto"*, eine Parabel auf die deutsche Gesellschaft, die übrigens Dialoge in deutscher, türkischer, serbischer, kroatischer und algerischer Sprache aufweist, was wegweisend für die derzeitige Arbeit des sogenannten Postmigrantentheaters ist, welches sich dieser Thematik zu stellen versucht.

„Apokanata", der Ort der Handlung, ist eine fiktive Stadt in Deutschland, die ich gewählt habe, um dadurch Distanz zu schaffen zur politischen Debatte und um eine kritische Reflexion zu ermöglichen. Damals endete ein gelungener Artikel über das Stück in der Berliner Zeitung mit den Worten: *„Apokanata ist eine fiktive Stadt irgendwo in Deutschland. Apokanata ist auch in Neukölln."*

Das ist die Basis, auf der sich die aktuellen Probleme diskutieren lassen, und das ist für mich das Ziel, für das ich als Theatermacher schöpferisch tätig bin. Mit dieser Art des urbanen politischen Theaters habe ich es immerhin bis zum Theatertreffen, dem bedeutendsten Forum für Theater in Deutschland geschafft, was ich vielleicht auch Neukölln zu verdanken habe. >>

Nicolai Borger, Autor und Regisseur,
Jahrgang 1974

„Unsere Kinder werden sicherlich mal sehr hübsch"

<< Für mich ist Neukölln ein ganz normaler Bezirk von Berlin.

Eine Gesellschaft braucht halt Sündenböcke, nicht nur auf Menschen bezogen, sondern auch auf Orte. Neukölln erfüllt anscheinend die Rolle bisher. Dabei schaut es doch in Wedding oder in Lichtenberg nicht besser aus, oder?

Mein Cousin ist letztes Jahr in die Türkei ausgewandert. Er meinte zu mir, hier würde ich immer ein Kanake bleiben, mit oder ohne Abitur, mit oder ohne akademischen Abschluss. Das sehe ich nicht ganz so, obwohl man viel Durchhaltevermögen braucht.

Die Lehrer haben mir immer Steine in den Weg gelegt, trotzdem habe ich mich durchgeboxt. Jetzt studiere ich Jura. Davor habe ich KFZ-Mechaniker gelernt. Im Betrieb war ich der einzige Schwarzkopf. Da gab es schon manchmal dumme Sprüche von irgendwelchen Dummköpfen.

Als die mitbekamen, dass ich noch studieren werde, stand denen das Maul offen.

Letztes Jahr habe ich beim Landesarbeitsgericht ein Praktikum gemacht. Als ich das Gebäude betrat, meinte der Pförtner: *„Ah, da kommt der Angeklagte."* Als ich ihm sagte, dass ich der Praktikant bin und Jura studiere, meinte er: *„Wenn Sie denn Deutsch können!"* Egal, so sind aber nicht alle Deutschen. Türken und Araber sind ja auch keine Engel, was Rassismus und Vorurteile angeht. Manchmal sogar noch schlimmer als die Deutschen.

Das Buch von Buschkowsky habe ich gelesen. Finde ich gar nicht schlecht. Wer sich nicht anpassen will, der soll gehen, sehe ich ganz genauso. Klar, in manchen Dingen übertreibt er, ohne Zuspitzung lässt sich so etwas wohl nicht verkaufen. Ich wäre sehr dafür, dass die Menschen sich mehr mischen.

Meine Freundin stammt aus einem deutsch-äthiopischen Elternhaus. Wir möchten nächstes Jahr heiraten. Unsere Kinder werden sicherlich mal sehr hübsch. >>

Erkan, Jahrgang 1988, Jura-Student

„Buschkowsky – der Rassist"

<< Wir wohnen hier schon 9 Jahre im Schiller-Kiez. Eigentlich haben wir hier immer gerne gewohnt, fanden die multikulturelle Atmosphäre bereichernd. Aber seitdem der Neoliberalismus sich hier ausbreitet, ist das Viertel nicht wiederzuerkennen.

Ich stamme aus Baden-Württemberg, aus einem kleinen Ort bei Göppingen. Nach Berlin kam ich schon 1989 und habe das alte West-Berlin kurz vor dem Mauerfall noch erlebt. Am besten gefiel mir Berlin eigentlich so Mitte der Neunziger Jahre, als auf dem Potsdamer Platz noch der Flohmarkt war. Rückblickend kommt mir das märchenhaft vor.

Ich bin Politologin, arbeite bei der Heinrich-Böll Stiftung. Mein Mann ist auch Schwabe, wir haben uns aber hier in Berlin auf einem Parteitag kennengelernt. Damals war er noch bei den Grünen, ich bin es heute noch. Er arbeitet als Lehrer an einer Grundschule in Pankow. Manchmal haben wir schon Sehnsucht nach so einem kleinen Biotop, was vielleicht an unseren Wurzeln liegt. Wir essen auch gerne Spätzle und Maultaschen. Wir sind halt selbst Einwanderer. Merkwürdig, je älter ich werde, umso mehr betone ich meine Herkunft.

Wir werden im nächsten Jahr hier wegziehen ... Nein, das hat nichts damit zu tun, dass unsere Kinder das schulpflichtige Alter erreichen, auch nichts mit Migrantinnen. Bei den Frauen spürt man auch den Bildungshunger, das muss man auf jeden Fall unterstützen. Die Männer stehen eher hier rum, mit ihren Goldkettchen.

Wir ziehen nach Grünau, da hört man nachts die Frösche quaken. Ein paar Freunde von uns wohnen auch schon dort. Das multikulturelle Flair wird mir dort sicher fehlen, aber so weit ist das ja auch nicht weg. Ich hoffe nur, mit den Nazis da wird das keine Probleme geben.

Sicher, wenn ich ehrlich bin, mit einer Sozialpädagogin kann ich mich schon anders austauschen als mit einer Mutti aus Ghana. Das merke ich immer, wenn ich meine Kinder von der Kita abhole. Das ist ja auch ganz verständlich, hängt aber vom Bildungsniveau ab. Ich unterhalte mich ja auch nicht mit den Arbeitern aus den Eckkneipen.

Buschkowsky? Der Rassist! Dem ging es doch nur ums Geld. Der wollte Sarrazin nacheifern. Dabei schockiert mich nur, welche nationalistischen Klischees dabei bedient werden und was das hier vor Ort für die Menschen bedeutet.

Und so etwas nennt sich Sozialdemokrat. Ich bin wirklich stolz auf meine Partei, dass wir geschlossen dagegenhalten. Mein Mann wählt die Linke, aber ich bleibe den Grünen treu, bin eine Stammwählerin. Wobei ich eher zum Fundi-Flügel gehöre. Ströbele ist und bleibt mein Idol.

Für Neukölln würde ich mir wünschen, dass es ein Multikulti-Viertel bleibt, dass das Tempelhofer Feld nicht bebaut wird und dass es hier irgendwann - nach Buschkowsky - eine grüne Bezirksbürgermeisterin gibt und auch mal frauenpolitische Ansätze diskutiert werden. Daran mangelt es hier nämlich immer noch. >>

Carola, Politologin, Jahrgang 1968

„Immer wenn ich nach Neukölln zurückkehre, bekomme ich eine Gänsehaut"

<< Eigentlich wollte ich immer zur BBC als Journalistin. Die englische Sprache ist meine große Leidenschaft. Ich liebe Shakespeare. Das war mein Traum bis kurz vor dem Abi. Jetzt studiere ich Medizin in Kiel. Beim Medizin-Studium stört mich die mangelnde Reflektion; es ist doch viel stures Auswendiglernen dabei. Egal, ich ziehe das durch. Ein Studienplatz in Berlin wäre mir sicher lieber gewesen, aber in Kiel sind die Abwechslungsmöglichkeiten geringer.

Immer wenn ich nach Neukölln zurückkehre, bekomme ich eine Gänsehaut. Ich weiß dieses Viertel heute viel mehr zu schätzen, seitdem ich nicht mehr hier wohne. Allerdings verändert sich die Gegend rasant. Wenn ich zum Beispiel an die ganzen Hipster denke, die heute dort rumlaufen ... Soll halt jeder nach seiner Fasson selig werden.

Ich bin direkt an der S-Bahnstation Sonnenallee aufgewachsen. Hier zogen meine Großeltern damals hin, als sie aus der Türkei nach Berlin kamen. Das heißt, eigentlich wurden sie dort einquartiert. Freie Wohnortwahl war für die türkischen Einwanderer der ersten Generation eine Utopie. Meine Oma sagt aber immer: *„Heute bekommt mich niemand mehr von dort weg."*

Das war sehr lange vor meiner Zeit. Ich betrachte mich als Berlinerin. Mein Opa hat eine Schneiderei am Heidelberger Platz. Dort, an einem Gymnasium in Wilmersdorf, habe ich vor knapp vier Jahren auch mein Abi gemacht.

Ich hatte eine schöne Kindheit in Neukölln. Nur einmal habe ich eine Schlägerei erlebt. So etwas kann natürlich auch woanders vorkommen. Eigentlich habe ich noch nie Diskriminierung erlebt, weder als Neuköllnerin, noch aufgrund meiner Herkunft. Das mag auch daran liegen, dass ich nicht so aussehe, wie sich die Menschen eine Türkin vorstellen. Ich habe weder schwarze Haare, noch einen südländischen Teint und trage auch kein Kopftuch. Für meine Kommilitonen an der Uni Kiel bin ich so etwas wie ein Paradiesvogel. Neulich sagte eine zu mir, es sei außergewöhnlich für eine Türkin, Medizin zu studieren.

Da fällt mir ein: Einmal allerdings – ich war wohl in der 5. oder 6. Klasse – wollte ein Klassenkamerad nach Schulschluss zum Spielen mit zu mir nach Hause.

Als er seine Mutter um Erlaubnis bat, wurde diese hysterisch und äußerte, wie gefährlich es in Neukölln angeblich sei.

Zu Buschkowsky: Mittlerweile bin ich es nur noch leid, diese Moslem-, Türken-, Ausländer-Debatte zu verfolgen. Die hat mit mir und meinem Leben sowieso nichts zu tun. >>

Dilara, Medizin-Studentin, Jahrgang 1990

„Ich bin Aramäer, nicht Armenier"

<< Ein Verwandter von mir hat neulich seinen Namen eingedeutscht und sich die Haare blond gefärbt. Seitdem laufen seine Geschäfte viel besser, er ist selbstständig als Steuerberater.

Vermutlich bin ich für die meisten Menschen ein Türke, obwohl ich Aramäer bin. Wenn ich den Leuten sage: *„Ich bin Aramäer, nicht Armenier"*, schauen die mich an, als ob es donnert. Wenn ich denen dann erzähle, Aramäisch war die Muttersprache von Jesus Christus, fällt denen die Kinnlade runter.

Die Menschen können das irgendwie nicht auseinanderhalten, scheren alles über einen Kamm. Die meisten wissen gar nicht, wie viele Christen es im Nahen Osten gibt, obwohl das Christentum aus der Region stammt. Selbst ein guter Freund von mir, ein Deutscher, den ich schon seit Grundschulzeiten kenne, fragte mich neulich nach dem Ramadan, obwohl er weiß, dass ich Christ bin.

Dann erinnere ich mich an den Film Schindlers Liste, als der SS-Offizier seinen Untergebenen bei der Räumung von Krakau sinngemäß sagt: *„400 Jahre haben die Juden in Krakau gelebt, ab heute wird es ein Mythos sein, in Vergessenheit geraten, nur noch in Erinnerungen bleiben."*

So kommt es mir mit den Christen des Orients vor – vor 400 Jahren stellten sie in der heutigen Türkei, Syrien, Libanon, Palästina die Bevölkerungsmehrheiten – aber heute denkt jeder in Europa, es seien immer muslimische Gebiete gewesen und jeder, der aus dieser Ecke kommt wird pauschal als Moslem wahrgenommen, selbst wenn er ein Kreuz an seinem Hals hängen hat.

Dies zeigt, dass der Durchschnitts-Deutsche einen sehr niedrigen Bildungsstand hat, oder einfach ignorant ist, aber was soll man erwarten. Die meisten kennen weder die Bedeutung von Weihnachten noch Ostern, noch dass auch bei den Christen gefastet wird. Man kann es den Menschen ja nicht verübeln, wenn die westlichen Staaten sich auch nicht für die Christen in der Ursprungsregion engagieren. Selbst in Griechenland werden aramäische Flüchtlinge aus Syrien verprügelt, Christentum hin oder her. Ich habe auch den Eindruck, dass man es mit einem orientalischen Namen und Aussehen bei Bewerbungen schwer hat. Man wird vielleicht gleich aussortiert. Wenn man dann noch eine Postleitzahl im Bewerbungsschreiben angibt, die auf Neukölln verweist, kann man das Ganze gleich vergessen. Deshalb bin ich auf Buschkowsky richtig sauer. Anstatt für seinen Bezirk zu werben, macht er alles schlecht und stigmatisiert die Bewohner hier. Politisch würde ich mich als liberal bezeichnen. Ich bin in Neukölln aufgewachsen, habe für einige Jahre drüben in Schöneberg gelebt, wohne jetzt aber wieder hier. Von wegen Ghetto, schauen Sie sich doch um, es gibt doch sogar eine Oper hier.

Ausländerhass habe ich schon erlebt, ja. Ein ganz übles Erlebnis hatte ich, als ich vor Jahren einen Krankenwagen rief. Mein inzwischen leider verstorbener Vater klagte über Herzschmerzen. Als die Sanitäter eintrafen, beschuldigten sie mich, zu übertreiben, wie wir das ja alle tun würden - wen immer sie damit meinten. Wegen uns könnten kranke deutsche Kinder keine medizinische Versorgung erhalten! In diesem Ton ging es weiter. Da habe ich zu spüren bekommen, was Fremdenfeindlichkeit bedeutet.

Ich interessiere mich sehr für Politik, besonders für das, was im Nahen Osten so passiert. Leider findet man selten Menschen, mit denen man sich darüber kompetent unterhalten kann. >>

Simon, Importkaufmann, Jahrgang 1971

„Ausländerfeindlichkeit finde ich abstossend"

<< Meine Mutter wurde 91. Bis zu ihrem Tod hatte die kaum eine Falte im Gesicht. Sie litt allerdings zum Schluss an Demenz; davor habe ich Angst. Wenn der Kopf noch funktioniert, dann ist alles gut.

Ich habe den Eindruck, dass das mit den psychischen Krankheiten zunimmt, wenn ich mich so auf der Straße umschaue. Vielleicht täusche ich mich ja. Man muss immer offen bleiben, immer neugierig. Das ist meine Devise.

Wir hatten früher einen Obst- und Gemüseladen in der Allerstraße. Meine Mutter hatte mich immer ganz schön verwöhnt. Deshalb kann ich bis heute nicht kochen. Wir sind auch früher immer zusammen ausgegangen, am Wochenende, meine Mutter und ich.

Ich gehe nicht mehr so gerne in den Seniorentreff. Die Leute dort sind mir zu verkalkt, 80-Jährige in Begleitung ihrer Eltern, nein danke! Immer nur Krankheiten und von Früher, da gehe ich lieber in die Kneipe - wenn das meine Mutter wüsste - `ne Runde Karten spielen. Gleich muss ich wieder zur Massage, ich habe Rücken. Habe über 40 Jahre im Einzelhandel gearbeitet, davon die meiste Zeit hier bei Karstadt. War `ne schöne Zeit.

Als die Mauer fiel, am 9. November 89, da war die Hölle los. Da zitterten mir abends die Hände wie bei einer Alkoholikerin, so viel hatten wir da zu tun. 1998 bin ich in Rente gegangen. Ich freue mich heute immer noch, wenn ich bei Karstadt alte Kolleginnen treffe. Die haben aber alle Angst um ihren Job.

Wenn das mit meinem Rücken nicht wäre, dann würde ich wieder durch Asien reisen. Ich war überall in Asien, bis auf Korea und China. Ich liebe alles Asiatische. Hoffentlich finde ich einen guten asiatischen Masseur. Ich bin Single.

Früher bin ich immer mit einem Mann gereist. Der kam aus Hamburg und war fünf Jahre jünger als ich. Wir lernten uns auf Bali kennen und sind dann jedes Jahr in ein anderes asiatisches Land gereist - bis auf einmal, da waren wir zusammen in Mexiko. Zwischen uns lief aber nichts, gar nichts. Das war nur eine Reisebekanntschaft. Leider ist er verstorben.

Ausländerfeindlichkeit finde ich abstoßend.

Wenn Sie mal meine Wohnung sehen würden ... Wie ein Museum schaut es da aus. Alles voller

Souvenirs aus aller Welt. Ich wohne hier gleich in der Sonnenallee.

Ich bin in Neukölln geboren und werde hier auch sterben.

Klar habe ich das Buch von Buschkowsky gelesen, obwohl ich Reiseliteratur bevorzuge. Das ist ein guter Mann, der meint das ja nicht alles so. >>

Gerda, Rentnerin, Jahrgang 1936

„Heuschreckenplage“

<< Ich wohne schon seit 1976 hier in Neukölln. Damals waren die Mieten noch recht günstig. Mit meiner Frau wohne ich seitdem in der gleichen Wohnung, ganz in der Nähe vom Gelände des ehemaligen Flughafens Tempelhof. Bis vor ein paar Jahren brummten die Flieger über uns hinweg. Na ja, daran hatten wir uns gewöhnt. Jetzt ist das ja ganz schön geworden, mit dem Tempelhofer Feld, gefällt mir, ein Stück Natur direkt vor der Haustür.

Was mir nicht gefällt: Dadurch kommen die ganzen Heuschrecken in die Gegend.

Damit meine ich nicht das Ungeziefer, sondern die Spekulanten, die die Mieten in die Höhe treiben und uns rausdrängen wollen. Bei uns im Haus wird schon seit über einem Jahr saniert und renoviert. Überall Dreck, Staub und Baulärm, den ganzen Tag. Die Arbeiter sind alles arme Schweine aus Bulgarien, oder aus Rumänien, was weiß ich – die übernachten sogar zusammen in einem Kellerloch. Das Dachgeschoss wird ausgebaut, da entstehen Eigentumswohnungen.

Für die feinen Herrschaften wird jetzt im Treppenhaus ein Fahrstuhl eingebaut. Die Hausverwaltung droht Mieterhöhungen an, bisher aber ohne Erfolg. Mein Anwalt hat viel zu tun.

Meiner Nachbarin wurde allerdings schon die Wohnung gekündigt, die wehrt sich aber mit Händen und Füßen. Keiner von uns will hier freiwillig weg, wir kämpfen gegen die Heuschrecken an. Ich mag das Viertel hier, die kleinen Geschäfte, das Persönliche, ein Schwätzchen hier, ein Schwätzchen da. Meine Frau und ich, wir sind beide über 70. Wir leben sehr bescheiden, haben keine Kinder, wir brauchen nicht viel. Im Sommer verreisen wir gerne nach Westdeutschland, mit dem PKW, mal raus aus Berlin. Vor ein paar Jahren war es hier noch schlimm, da zogen die Banden durch die Straßen - aber die sind jetzt alle weg: Im Gefängnis, abgeschoben, erwachsen geworden, was weiß ich, auf jeden Fall weg.

Dafür haben wir jetzt die Heuschrecken, die sind fast noch schlimmer als die Banden.

Als Kind kam ich mit meiner Familie nach Berlin. Wir kommen aus Brandenburg - ursprünglich. Früher, ich bin Malermeister von Beruf, habe ich immer nur gearbeitet, mich nie um Politik gekümmert. Kann mich noch erinnern \`68, wie die da alle auf dem Ku\`damm rumgetrampelt sind. Was für Spinner, haben wir damals gedacht. Heute sind die alle in unserer Regierung. Scheibenkleister. Eigentlich bin ich Sozi, habe immer SPD gewählt. Beim letzten Mal, hier bei der Wahl in Berlin, da habe ich aber Piraten gewählt, damit mal frischer Wind in die Bude kommt. Das sind aber so richtige Flachzangen, die wähle ich nicht mehr.

Ob ich das Buch von Buschkowsky gelesen habe? Nee, habe aber davon gehört. Der wird schon wissen, was er schreibt. Als Bezirksbürgermeister macht der seinen Job gar nicht so schlecht, der tut was für uns in Neukölln.

Nur gegen die Heuschrecken, da ist er auch machtlos.

Neukölln in 5 Jahren? Keine Ahnung - Schikkimicki wahrscheinlich. Merkt man ja jetzt schon, die ganzen aufgeblasenen Lackaffen die hier rumlaufen, kann ja wohl nicht angehen. >>

Günther, Rentner, Jahrgang 1940

„Gott sei Dank wird unser Hausflur durch Kameras überwacht"

<< Ich komme aus München. Meine Eltern haben hier in Neukölln mehrere Eigentumswohnungen erworben. In einer davon wohne ich jetzt.

Ja, sicher bin ich privilegiert, dessen bin ich mir bewusst. Aber, ich sitze auch nicht den ganzen Tag im Café. Ich absolviere hier einen Master-Studiengang in Berlin. Im Juni mache ich ein vierwöchiges Praktikum bei der UNESCO in Paris.

Als Münchnerin fällt mir immer wieder auf, wie lieblos die Menschen hier mit ihrer Stadt umgehen. Nicht nur in Neukölln, nein, in ganz in Berlin. Schauen Sie sich doch mal um, entdecken Sie hier irgendwo Blumen auf den Balkonen? Meine Mutter hält sich immer ein parfümiertes Taschentuch vors Gesicht, wenn sie mich hier besuchen kommt. Neukölln ist schon recht heruntergekommen. Aber so sahen Williamsburg und der Prenzlauer Berg auch mal aus, noch vor einigen Jahren. Das wird schon, Stück für Stück.

Ein Bekannter von mir möchte hier gerne eine Weinerei eröffnen. Er hat aber Angst, dass man ihm Steine durchs Fenster schmeißt. Ich finde das wirklich schlimm. Da kommen Menschen hierher, um zu investieren und etwas in Gang zu bringen und werden dann von diesem linken Mob drangsaliert. Mein Vater nennt die immer „rot lackierte Faschisten“. Ich verstehe auch nicht, wieso man sich aufregt, wenn die Mieten steigen. Wieso denken Menschen, die auf Hartz 4 sind, sie hätten hier ein Recht auf billige Mieten?

Ausländer sind mir willkommen, wenn sie sich hier einbringen. Mit den Zigeunern sieht es da natürlich anders aus. Neulich stieg ich aus der U-Bahn und eine ziemlich verfilzt aussehende Frau schrie mich an: *„Du Yuppi-Schlampe.”* Vielleicht war meine Galerie Lafayette-Tasche die Ursache, was weiß ich. Wenn man in Neukölln lebt, muss man sich etwas bedeckt halten; Sozialneid ist hier ein weit verbreitetes Phänomen. Allerdings bin ich nicht bereit, mich vollständig zu verleugnen. Gott sei Dank wird unser Hausflur durch Kameras überwacht.

Buschkowsky, nein, nein, mit Sozialdemokraten habe ich nichts am Hut. Durch mein Elternhaus wurde ich politisch ganz anders geprägt.Neukölln in fünf Jahren? Hoffentlich so wie Bricklane in London. >>

Josephine, Studentin, Jahrgang 1986

„Neukölln ist wie New York“

<< Neukölln war meine Rettung. Als wir 1999 nach Deutschland kamen, ging ich zuerst in Brandenburg zur Schule. Das war die Hölle. Man nannte mich *„Russenschlampe“*. Ich sprach kaum ein Wort Deutsch, wurde nur fertiggemacht.

Meine Mutter hatte einen Deutschen geheiratet, vermittelt über eine Partner-Agentur. Sie lernte ihn erst in Deutschland kennen. Mein leiblicher Vater ist schon lange tot. Wir lebten damals in Minsk, der Hauptstadt von Weißrussland. Unsere Familie stammt eigentlich aus Sibirien, dort wurde ich auch geboren. Wir waren sehr arm, so arm, wie man es sich in Deutschland gar nicht vorstellen kann. Als ich 10 Jahre alt war, hatten wir beide nur ein Paar Schuhe. Die Schuhe waren mir etwas zu groß, meiner Mutter waren sie zu klein. Es waren weiße Damenschuhe, mit einem kleinen Absatz und einer Schnalle. Manchmal träume ich noch von diesen Schuhen. Wir gingen nie gemeinsam aus dem Haus, weil es nur dieses eine Paar Schuhe gab.

Und, oh ja, wir haben gehungert damals. Wenn du als Kind hungerst, dann ist es besonders schlimm. So etwas vergisst man nicht. Meine Mutter machte mir jeden Morgen ein Frühstück, damit ich nicht mit leerem Bauch in die Schule ging. Wenn ich weg war, aß sie die Reste meines Frühstücks, obwohl ich nie viel übrig ließ.

Als ich nach Deutschland kam, war ich schokkiert. Überall dieses Überangebot an Lebensmitteln. Ich futterte Unmengen an Schokolade in mich rein, nahm zu. Die Kinder in Brandenburg nannten mich deshalb *„fette Russenschlampe"*, das waren die ersten deutschen Wörter, die ich kennenlernte. Eigentlich wollte ich damals nicht weg aus Minsk. Ich habe drei Tage durchgeweint, meine Mutter angefleht. Sie konnte es aber nicht mehr aushalten, so zu leben. Heute verstehe ich das. Meine Mutter sagte mir einmal, wären wir nicht nach Deutschland gekommen, dann hätte sie anschaffen müssen. Einmal gab sie mir ihre letzten 20 Dollar, keine Ahnung wo sie die herhatte. Ich sollte damit zur Bank gehen, das Geld umtauschen. Ich zog unsere weißen Schuhe an, machte mich auf den Weg. Unterwegs habe ich dann das Geld verloren. Ich weiß bis heute nicht, wie das geschah. Ich lief den ganzen Weg zurück, suchte alles ab, aber das Geld war weg. Von 20 Dollar konnte man damals in Minsk ein paar Wochen leben. Als ich nach Hause kam, schlug meine Mutter mich grün und blau.

Wir haben dann nie wieder darüber gesprochen. Es waren halt unsere letzten Ersparnisse. Ich bin nicht sicher, ob sie ihren deutschen Mann wirklich liebt. Aber, sie ist heute glücklich, malt, stellt ihre Bilder aus, hat sogar ein eigenes Atelier, ist bei den Dorfbewohnern anerkannt. Nach der Schule lernte ich Restaurantfachfrau. Ich zog dann schnell nach Berlin, nach Neukölln. Auf der Berufsschule kamen die Schüler von überall her, dort erlebte ich dann keine Ausgrenzung mehr. Seitdem lebe ich hier. Mein Mann stammt aus dem Irak, er ist Kurde. Als wir gemeinsam eine Wohnung suchten, sagte uns ein Vermieter: *„Lukaschenko und Saddam Hussein, so etwas kommt mir nichts in Haus"*.

Na ja, jetzt haben wir eine schöne Wohnung, in der Sonnenallee. Mein Mann liebt diese Straße, weil es so viele arabische Lebensmittelgeschäfte gibt, obwohl er Araber eigentlich nicht so sehr mag. Ich koche für ihn fast nur orientalisch, die russische Küche hat er nicht so gerne. Mein Arbeitsplatz ist von hier schnell erreichbar. Ich bin Kellnerin, in einem Steakhaus in Kreuzberg. Mein Mann ist Altenpfleger. Was ich an Neukölln mag? Eigentlich alles. Neukölln ist wie New York. Die Menschen kommen von überall her: Türken, Araber, Deutsche, Russen, Polen, Rumänen, Amerikaner, Engländer, Spanier. Die ganze Welt. Ich habe eine Tante in Brooklyn. Letztes Jahr war ich mit meiner Mutter dort. Hat mir gut gefallen. Meine

Mutter besucht mich hier in Neukölln öfter, sie genießt die Atmosphäre. Aber immer ohne ihren Ehemann. Dem ist das hier *„zu dunkel“*, wie er immer sagt.

Ich möchte nicht in einer Gegend leben, wo nur Deutsche wohnen, oder nur Russen, wie in Marzahn. Mein Mann und ich haben jetzt beide einen deutschen Pass, unsere Kinder werden also als Deutsche aufwachsen, mit Migrationshintergrund. Wir planen, sie dreisprachig zu erziehen: Deutsch, Arabisch, Russisch - kann ja nie schaden. In der Schule lernen sie dann Englisch. Es würde mich gar nicht stören, wenn meine Kinder als Muslime aufwachsen. Das müssen sie aber selbst entscheiden. Mein Mann besteht nicht darauf, er ist nicht sehr religiös.

Nein, ich kenne weder das Buch, noch den Bürgermeister. Wir interessieren uns nicht für Politik.

Jetzt erwarten wir gerade unser erstes Kind. Vielleicht werden wir dann bald umziehen. Wir möchten auf jeden Fall in Neukölln bleiben, obwohl die Mieten hier inzwischen so hoch sind. Mein Traum wäre eine schöne Wohnung direkt am Tempelhofer Feld. Da könnten wir mit dem Kind spazieren gehen, auch mit einem Hund. Aber das bleibt wahrscheinlich ein Traum ... >>

Nathalia, Kellnerin, Jahrgang 1987

„Das ist für mich Neukölln, dieses kosmopolitische Flair."

<< Neukölln, das coolste Viertel von Berlin, der coolsten Stadt Europas. Seit einem Jahr lebe ich hier. Die letzten Jahre habe ich in London gewohnt. Ursprünglich komme ich aus den Niederlanden, aus der Provinz Seeland, ganz im Süden, nicht allzu weit von Rotterdam.

Ich arbeite in der Musikbranche, lege nebenbei auf, meistens in der Bar eines Freundes, gleich am Hermannplatz.

Meine Freundin ist Ungarin, ich habe sie hier kennengelernt. Wir wohnen in einer WG, `ner riesigen 5 Zimmer-Wohnung, mit drei Amerikanern zusammen. Das ist für mich Neukölln, dieses kosmopolitische Flair.

Klar, mein Deutsch könnte noch besser sein. Ich arbeite daran. Meine Freundin spricht viel besser Deutsch, obwohl es mir als Niederländer eigentlich leichter fallen sollte. Früher konnten meine Eltern die Deutschen nicht leiden. Inzwischen haben sie ihre Meinung geändert, seitdem sie mich hier regelmäßig besuchen. Aber, um ehrlich zu sein, wenn ich mit meinen Freunden und Arbeitskollegen unterwegs bin, dann ist Englisch die Umgangssprache. Ich kenne Leute, die leben schon seit fünf Jahren hier - meistens Engländer, Australier oder Amerikaner - und sprechen höchsten 2–3 Wörter Deutsch.

Von sozialen Problemen habe ich hier noch nicht viel mitbekommen; eigentlich kommt mir Neukölln sehr entspannt vor. Meiner Meinung nach gibt es in den Niederlanden und Großbritannien mehr Spannungen zwischen den Ethnien. Ich meine, Probleme gibt es ja überall.

Echt, der Bürgermeister hat ein Buch geschrieben? Ich wusste nicht, dass Neukölln überhaupt einen Bürgermeister hat. Ein Sozialdemokrat?

Früher habe ich auch immer die Sozialdemokraten gewählt, in den Niederlanden. Jetzt wähle ich gar nicht mehr, höchstens eine übernationale Partei. Gibt es schon so etwas? Das würde mich interessieren. >>

Peter, Musikproduzent/DJ, Jahrgang 1984

„Vor ein paar Jahren habe ich sogar mal einen Mord gesehen, nachts, aus dem Fenster."

<< 1987 - da sind wir ausgereist aus der sogenannten Hauptstadt der DDR, meine Mutter, meine Schwester und ich. Kommt mir vor wie gestern. Mein Alter ist drüben geblieben.

Ich bin in Treptow aufgewachsen. Damals war ich 12, knapp 13. Kannst dir ja vorstellen, wie das so war bei den Roten, wenn man einen Ausreiseantrag gestellt hat. Wie einen Aussätzigen haben die dich behandelt, die Schweine. Ich sollte sportlich gefördert werden, war begabt. Nach dem Ausreiseantrag war aber Schluss mit lustig.

Heute sitzen die wieder an den Futtertrögen, die roten Bonzen. Von wegen *"Wir sind das Volk"*, dass ich nicht lache. Die Merkel ist doch die Oberbonze!

Von Treptow aus haben wir immer die Gropiusstadt sehen können. Wir haben immer gedacht, da drüben, da im Westen, in Neukölln, da tobt das Leben. Erst kamen wir ins Auffanglager, nach Marienfelde. Ein paar Wochen später zogen wir dann nach Neukölln, vom Regen in die Traufe - von wegen *"Goldener Westen"*.

In der Schule gab es dann für mich erst einmal was auf die Fresse, von unseren Zugereisten. Irgendwann habe ich dann zurückgeschlagen, dann war Ruhe. Meine Mutter hatte erst einmal einen Schock, als sie die ganzen Türken hier rumlaufen sah. Na ja, meine Schullaufbahn war dann Rolltreppe abwärts - mit Ach und Krach den Hauptschulabschluss abgestaubt. Mein Stiefvater, der neue Macker von meiner Mutter, der hat mir dann `ne Lehrstelle als Maurer besorgt. Konnte ich aber leider nicht abschließen, weil ich zwischendurch in den Knast gewandert bin. Beteiligung an bewaffnetem Raubüberfall. Will mich nicht rausreden, aber lag schon an Neukölln, an meinen Kumpels hier, dass es damals so weit kommen musste.

Lange Zeit war ich arbeitslos, habe dann hier und da schwarz etwas dazu verdient. Jetzt bin ich selbstständig, was aber nicht so läuft, seit die ganzen Muschkoten, die Türken und Polen hier ihre Bauhütten aufbauen. Eigentlich wollte ich immer hier weg aus dem ganzen Dreck, aber jetzt wohn ich immer noch hier. Meine Süße ist neulich bei mir eingezogen, so eine Blonde aus Brandenburg mit dicken Beinen. Letzten Monat waren wir so pleite, dass wir drei Tage nichts zu fressen hatten. Meine

Süße hat gestöhnt: *„Wir verhungern.“* Ich sagte ihr: *„Such dir einen Job, als Kellnerin findest du immer was.“* Sie nahm dann `ne Stelle an als Aushilfe in so einem Snackshop am Alex. Abends brachte sie dann immer diese abgepackten Sandwiches nach Hause. Da haben wir reingehauen, bis wir nicht mehr laufen konnten. Nach ein paar Tagen wurde sie dann erwischt, da hatte ich aber wieder Arbeit, schwarz auf die Hand.

Ja, so ist das Leben in Neukölln. Vor ein paar Jahren habe ich sogar mal einen Mord gesehen, nachts, aus dem Fenster. Da wurde einer auf der Straße abgestochen, der schrie wie am Spieß. Den Mörder hab ich auch noch gesehen im Mondlicht. Das ganze Haus stand am Fenster. Als die Bullen kamen, war der aber schon tot. Seitdem laufe ich immer mit einem Klappmesser herum, ich lass mich bestimmt nicht abstechen.

Buschkowsky hat das doch alles noch viel zu rosig hier beschrieben.

Wenn ich wähle - wenn überhaupt - dann nur Parteien, die sich auch mal für deutsche Interessen einsetzen, damit die Politiker mal endlich aufwachen. >>

Richard, Bauhelfer, Jahrgang 1974

„The place to be"

<< Neukölln finde ich klasse. Falls ich mal ganz nach Berlin ziehe, dann auf jeden Fall nach Neukölln. Hier brummt es doch an jeder Ecke, die schönen Bars, das tolle Essen aus aller Welt, die alten Häuser, richtig schön hier, und so viele junge Menschen.

Neulich hat mir an der Uni ein Kommilitone erzählt, Neukölln genießt einen ganz schlechten Ruf. Ich dachte, der macht einen Scherz. Dann habe ich aber etwas recherchiert und bin fast aus allen Wolken gefallen. Irgendwo stand geschrieben, als Blondine könne man in Neukölln nicht auf die Straßen gehen. Da musste ich lachen, ich gehe hier ständig auf die Straßen, auch nachts. Wie kann das sein? Gibt es ein Neukölln, das ich nicht kenne? War das früher denn so schlimm hier?

Jetzt ist es auf jeden Fall großartig.

Demnächst muss ich wieder nach Norwegen zurück. Der Abschied fällt mir jetzt schon schwer. In Norwegen ist alles so übersichtlich, da langweile ich mich sehr schnell, selbst in Oslo. Eigentlich stamme ich aus einer kleinen Stadt in der Nähe von Bergen. Die Natur ist dort großartig, alles andere aber langweilig.

Wenn ich hier ausgehe, treffe ich gleich die halbe Welt: Deutsche, Israelis, Franzosen, Spanier - alle leben hier in Neukölln. Ich liebe diese kosmopolitische Atmosphäre. Nein, richtige Neuköllner habe ich bisher kaum kennengelernt. Gibt es die überhaupt noch?

Ach ja, vor ein paar Tagen saßen wir im „Frollein Langner", dieser Studentenkneipe, gleich vor meiner Haustür. Wir saßen draußen, lachten, quatschten, als ein älterer Mann plötzlich auf uns zu kam, böse guckte, irgendetwas in seinen Bart brummelte, wie es früher war und so weiter. Wir baten ihn dann zu uns an den Tisch. Er erzählte uns, früher war hier seine Stammkneipe, wo er gerne Bier getrunken hat, nach Feierabend.

Aber, jetzt gibt es die alte Kneipe nicht mehr, seine Freunde sieht er kaum noch, da ja eine Eckkneipe nach der anderen dichtmacht. Der Mann wirkte sehr traurig, er tat mir leid. Da habe ich mich ein wenig schuldig gefühlt, was natürlich Unsinn ist. Ich konnte ihn aber irgendwie verstehen.

Was das Thema Einwanderung und Integration angeht, da sieht es hier in Deutschland, hier in Neukölln, meiner Meinung nach viel besser aus als in Norwegen, oder überhaupt in Skandinavien.

Wenn mich in Norwegen jemand nach Neukölln fragt, dann sage ich: „*The place to be*".

Buschkowsky? Nein, nie gehört. Wer soll das sein? >>

Synne, Jahrgang 1990, Studentin aus Norwegen
(Germanistik, Philosophie),

für ein Semester in Berlin

„Die baby-rosa Farbe von seinem Gesicht“

<< Früher war ich mal ne richtige Schönheit. Falls Mr. Right noch auftaucht, dann kommt er zu spät, was das Äußere bei mir angeht. Habe halt zu viel mitgemacht.

Vom Charakter her bin ich ganz in Ordnung. Ich meine, ich habe schon viel größere Charakterschweine als mich erlebt. Habe früher auch viel Scheiße gemacht, na klar, ein Unschuldsengel bin ich auch nicht. Leider gehe ich immer noch anschaffen. Habe bald mein 20. Dienstjubiläum. Womit soll man auch sonst sein Geld verdienen, wenn man nichts anderes gelernt hat.

Mit der Schule, das war alles Mist. War sogar auf dem Gymnasium, bin aber nach der 9. Klasse runter. Mein Lieblingsfach war Geographie. Ich wollte immer die Welt sehen, am liebsten als Stewardess. Dann kamen die falschen Freunde. Die meisten davon sind heute tot oder im Knast. Na ja, wenn der eigene Vater säuft und seine Kinder schlägt`...

Ich habe zwei Brüder und eine Schwester. Nur noch mein jüngster Bruder lebt in Berlin, alle anderen in Westdeutschland. Meine Mutter starb, als ich elf war an Krebs, vielleicht habe ich das nie ganz überwunden, kann schon sein. Ich glaube, wenn Mama länger gelebt hätte, dann wäre ich nie so abgerutscht. Papa lebt ja auch nicht mehr, hat sich totgesoffen.

Hoffentlich komme ich irgendwann vom Anschaffen weg; aber noch brauche ich das Geld, auch für meine Wohnung. Vielleicht kann ich irgendwann von meinen Bildern leben, ich male nämlich. Eine Freundin meint, ich habe Talent. Na ja, Picasso bin ich nicht gerade.

Bin wirklich froh, dass ich alleine wohne. Wenn man als Hure arbeitet, dann ist man froh, wenn man sich zurückziehen kann. Meine Wohnung ist mein Rückzugsgebiet. Kannst mich ruhig Hure nennen, aber bitte nicht Nutte. Ja, ich bin eine Hure. Ich habe einen Freier, der ist schon nicht mehr ganz taufrisch. Da muss ich nur die Beine breit machen, schon kommt der.

Neukölln, eigentlich eine Drecksgegend, aber ist halt meine Heimat. Manche Ecken erkennste ja fast nicht wieder heute.

Buschkowsky, den habe ich mal gesehen auf der Karl-Marx-Straße. Da stand er vor einem Schaufenster und glotzte rein. Was mir im Gedächtnis geblieben ist, das ist die baby-rosa Farbe von seinem Gesicht. Ich bin dann auf High-Heels an dem vorbeigestöckelt.

Mit den Kanaken? Ich verstehe nicht, warum man sich darüber so aufregt. Gibt solche und solche, aber die kriegen halt noch den Arsch hoch, sonst würde hier in Neukölln doch gar nichts mehr passieren, oder?

Vor dem Tod habe ich keine Angst. Ich habe Angst vor einem Leben nach dem Tod, wenn es dann genauso verläuft wie mein jetziges Leben. >>

Tatjana, Hure, Jahrgang 1973

+++ Arrival City +++

Weltweit wandern Millionen Menschen vom Land in die Stadt, über Grenzen hinweg. Von ihnen hängt unsere Zukunft ab.

Mit diesem Phänomen, mit diesem globalen Marsch, beschäftigt sich der britisch-kanadische Autor Doug Saunders in seinem lesenswerten Buch „Arrival City“. In seinem Vorwort schreibt Saunders: *„Diese Bewegung erfasst eine bisher noch nie dagewesene Zahl von Menschen – zwei oder drei Milliarden, vielleicht ein Drittel der Weltbevölkerung – und wird nahezu alle Menschen auf spürbare Weise betreffen.“*

In der Bäckerei Süss in Berlin Neukölln, am Hermannplatz gelegen, ist man von dieser Wanderungsbewegung betroffen, wenn auch nicht in der von Saunders skizzierten globalen Dimension. Trotzdem scheint das Café permanent übervölkert, die begehrten Sitzplätze, besonders die vor der Tür, sind so hart umkämpft wie die verbliebenen Rohstoffe unseres Planeten. Nicht selten kommt es zu kriegerischen Ausbrüchen, wenn putengesichtige ältere Damen mit jungen Rucksacktouristen oder Großfamilien aus dem orientalischen Raum um Tische und Stühle kämpfen und dabei aufgrund der vorhandenen Sprachbarrieren mit Händen und Füßen gestikulieren.

Die Bäckerei liegt direkt an einer Bushaltestelle, so dass ein ständiges Gedränge herrscht, welches die Bevölkerungsdichte auf dem Bordsteig explosiv ansteigen lässt, wenn gerade ein Bus anhält und sich seiner Fahrgäste entledigt, die dann auf vorbeieilende Passanten stoßen, um diese gegen die vollbesetzten Sitzplätze zu drängen, so dass die Kaffeetassen erzittern wie bei einem Erdstoß der Stärke 5 auf der Richterskala.

„Stadtluft macht frei" lautet eine bekannte Volksweisheit, basierend auf einem mittelalterlichen Rechtsgrundsatz. Vor der Bäckerei Süss riecht die Luft nach Abgasen und Ausdünstungen, Bierfah-

nen und Bohnerwachs, nach Parfüm und Pflasterstein. Trotzdem sitzen die Menschen anscheinend gerne dort, obwohl der Blick auf die vielbefahrene Sonnenallee weist.

Die Gäste, wie auch die vorbeieilenden Passanten, verkörpern die explosive demographische Mischung des Bezirks, die nach Auffassung des Bezirksbügermeisters angeblich überall ist, in Wirklichkeit aber so – in dieser Dichte und Durchmischung – in Deutschland nur in Neukölln anzutreffen ist. Das Sprachengewirr ist so babylonisch wie die Menschen unterschiedlich, die dort aufeinandertreffen, gelegentlich ein kleines Schwätzchen halten, sich austauschen. Manche Begegnungen sind dabei auch von unfreiwilliger Natur, wie die Begegnungen der beiden Damen, die sich neulich am Eingang der Bäckerei in die Haare kriegten.

Die eine Dame, eine beleibte Mittvierzigerin, war gerade dabei, sich ihren Weg vom Bestelltresen zum Ausgang zu bahnen, wobei sie ein Kuchenblech in der Hand hielt, welches sie über die Köpfe der Gäste hinweg jonglierte, bis sie auf eine andere Dame stieß, eine preußische, fast militärisch wirkende Blondine, die offensichtlich auf den Bus wartete, ihr dabei aber den Weg versperrte. *„Gehen Sie doch mal aus dem Weg“*, schnauzte die Dame mit dem Kuchenblech, *„stehen Sie hier nicht rum wie ein Bauerntrampel!”* Die Angesprochene, eine barsch wirkende Person, drehte sich langsam um, musterte die Provokateurin abschätzig und erwiderte: *„Sie nennen mich einen Bauerntrampel, ausgerechnet Sie? Wenn hier jemand ein Bauerntrampel ist, dann doch Sie! Ihnen schaut doch noch das Stroh aus den Stiefeln. Meine Familie ist schon seit drei Generationen in Berlin gemeldet."*

Ja, Neukölln ist zweifelsohne eine „Arrival City", also eine Ankunftsstadt, wie in dem Buch beschrieben.

Schon seit Jahrhunderten wird dieser Bezirk von einer Einwanderungswelle nach der anderen überrollt. Böhmen, Hugenotten, Schlesier und Pommern, Türken und Araber, Schwaben und Zigeuner, um nur einige der größeren Zuwanderungsgruppen zu benennen. Heute herrscht ein ständiges Kommen und Gehen. Umzugswagen donnern die Hauptstraßen entlang, junge Menschen aus allen Teilen der Welt, Lebenskünstler, Studenten und Freaks haben Neukölln für sich entdeckt, ebenso wie Makler und Immobilienhaie. Parallel dazu treffen unentwegt Menschen aus den neuen EU-Mitgliedsstaaten Südosteuropas und vom Balkan ein, alteingesessene Neuköllner werden verdrängt, meist auf Initiative des Jobcenters, für viele Menschen immer noch der einzige Brötchengeber und Big Brother zugleich.

Neukölln befindet sich aktuell also in einem Schwebezustand aufgrund der sozialen Probleme, flankiert von den neuen geschilderten Rahmenbedingungen. Für die einen fungiert der Bezirk als Endstation, für andere als Zwischenstopp und für manche ist er das Traumziel, wie es eine junge Tschechin neulich ausdrückte, als sie pathetisch vom urbanen Lebensgefühl ihrer Wahlheimat zu schwärmen begann. Möglicherweise entspricht Neukölln heute - morgen mag es wieder anders aussehen - dem Idealbild der *„verdichteten Unterschiedlichkeit", wie es der fran*zösische Soziologe Henri Lefebvre Ende der 1960er Jahre entworfen hatte.

Unter diesem Begriff verstand Lefebvre, dass in einer idealen Stadt viele verschiedene Menschen zusammenkommen. Ob reich oder arm, ob bürgerlich oder alternativ: *„Es findet ein konstanter Austausch statt, es werden gesellschaftliche Fragen auf engstem Raum ausgehandelt."*

So äußerte ein ältlicher Herr neulich in der schon erwähnten Bäckerei Süss, Hitler würde sich im Grabe umdrehen, *„wenn er ditte heute allet sehen müsste, wa?"*

Am Nebentisch diskutierten gleichzeitig zwei junge Menschen über die afghanische Literaturszene, während zwei Plätze weiter eine italienische Touristin mit einem türkischen Getränkelieferanten flirtete.

„Dem Lebensraum Stadt ist also ein urdemokratisches Prinzip der Teilhabe und des Austauschs eigen“, äußerte die Schriftstellerin Katja Kullman in einem Interview mit der NZZ. Und es stimmt; selbst wenn diese Teilhabe durch undemokratische oder rassistische Äußerungen daherkommt.

Gemessen an der ethnischen Vielfalt, an den schwierigen sozialen Rahmenbedingungen, dem Zusammenprall von Subkultur und Spießern, Kleinbürgern und Kosmopoliten, religiösen Fanatikern und dekadenten Hedonisten, sind die Zustände in Neukölln doch von großer Toleranz geprägt, oder eher von dem Motto: *„Leben und leben lassen!“* Wer das nicht erträgt, der zieht weg, wird demographisch aber schnell wieder ersetzt durch andere Neuankömmlinge, überwiegend junge, smarte Menschen, die sich in den Szene-Cafés aufhalten, im Internet die Wohnungsangebote durchforsten, um schnell vor Ort eine Besichtigung zu absolvieren, denn Neukölln muss es unbedingt sein, wo sie jetzt ihre Zelte aufschlagen wollen, zumindest so lange, bis die Karawane wieder weiterzieht. In der Zwischenzeit bleiben die Straßen von Neukölln geschäftige, faszinierende und improvisierte Orte, bevölkert von Menschen, die noch viel vorhaben.

Menschen wie Tamil, der den Spätkauf seiner Eltern im Neuköllner Schillerkiez in ein gut besuchtes Art- und Presse-Café verwandelt hat. Tamil, dessen Eltern aus Sri Lanka stammen, freut sich über die Komplimente, die Heinz Buschkowsky in seinem Buch gegenüber Tamilen vergibt, also der Volksgruppe, der auch er angehört. Allerdings hält es der 34-Jährige für einen großen Fehler, ständig Muslime als Sündenböcke zu stilisieren und deren

Leistungen und Aktivitäten nicht zu würdigen. In Tamils Café treffen Rentner auf Rucksacktouristen, Arbeitslose auf Anwälte, bulgarische Bauarbeiter auf bayrische Baulöwen.

Maria, die spanische Kellnerin, serviert Kaffee und Tramezzini mit einem strahlenden Lächeln, wechselt mühelos von Deutsch ins Englische, nimmt dann Bestellungen auf Italienisch auf (unterbrochen durch Ausrufe in ihrer Muttersprache), probiert bei einigen algerischen Gästen ihre frisch erworbenen arabischen Sprachkenntnisse aus und macht sich dabei auch noch Gedanken, wie sie ihre Qualifikationen und ihren akademischen Abschluss als Diplom-Politologin für eine berufliche Laufbahn nutzen kann.

„Wenn wir heute einen ähnlichen Fehler begehen und die große Migration als vernachlässigbare Auswirkung abtun, als Hintergrundgeräusch oder als Schicksal von anderen, dem wir in unseren eigenen Ländern entgehen können, riskieren wir sehr viel größere Explosionen und Verwerfungen" schreibt Doug Sanders in seinem Buch.

Weiter heißt es: *„Wir verstehen diese Migration nicht, weil wir nicht wissen, wie wir sie zu betrachten haben. Wir wissen nicht, wo wir nachsehen sollen. Wir haben keinen Ort und keinen Namen für den Bereich, der für unsere Welt steht."*

Was den letzten Satz angeht, muss Sanders widersprochen werden. Es gibt einen Ort, er liegt nicht überall - nein - er liegt nirgendwo, irgendwo im Südosten Berlins. Dieser Ort heißt Neukölln. Morgen ist Neukölln vielleicht wieder woanders.

Meine Nachbarin Frau W. bat mich in ihre Wohnung, gerade als ich das Haus verlassen wollte: *„Ach Herr Schack, vergessen Sie doch für einen Augenblick mal ihre Karriere. Ich benötige Ihren Ratschlag.“* Frau W. führte mich in ihr Wohnzimmer, vollgestopft mit düster-wuchtigen Möbeln, Schränken und Sesseln.

„Sagen Sie mal, ick kann mir nicht entscheiden, soll ick dieses Bild, mit den Einhörnern auf der Wiese, oder jenes mit dem Sonnenuntergang auf Bora-Bora aufhängen. Die hab` ick mir beim Trödler besorgt, ein Schnäppchen. Ick versteh wat von Kunst.“

Ich empfahl Frau W. die Einhörner. Als ich mich in Richtung Haustür verabschiedete, fiel mir der laufende Fernseher auf, wobei der Ton abgestellt war. Frau W. folgte meinem Blick: *„Sie fragen sich bestimmt, warum ich den Ton ausgestellt habe? Ich* *sage es Ihnen. Alles was ich hören muss, ist der Wetterbericht. Seit der Harald Juhnke nicht mehr da ist, da lohnt es sich ja auch nicht mehr. Ansonsten sehe ich bloß zu, stelle mir vor, was die Leute sagen.*

Davon bleibe ich wach, und ich muss wach bleiben, wenigstens bis Mitternacht, sonst bekomme ich später kein Auge zu.“

Rudi Krieger: *„Ich habe Neukölln in den Knochen"*

Tadschikistan im Jahr 1992. Die ehemalige Sowjetrepublik, in Zentralasien, an der Grenze zu Afghanistan gelegen, versinkt in einem blutigen Bürgerkrieg. Zehntausende Menschen kommen ums Leben, noch mehr sind auf der Flucht. In der Stadt Kalininabad, im Nordwesten Tadschikistans, packt eine junge Familie ihre Koffer.

Die Mutter, eine Ärztin, verlässt mit ihrem kleinen Sohn Rudi (Kurzform von Rudolf) sowie mit anderen Familienmitgliedern den jungen Staat, der gerade aus den Trümmern des Vielvölkerimperiums UdSSR entstanden ist und sich nun in Richtung eines Abgrunds zu bewegen scheint. Der Vater, ein ethnischer Tadschike, bleibt im Land. Nach Deutschland soll es gehen, dorthin, von wo einst, vor Jahrhunderten, die Vorfahren der Mutter herkamen: nach Berlin. Die erste Anlaufstelle ist ein Flüchtlingsheim. Wenig später wird dann eine eigene Wohnung im Bezirk Neukölln bezogen. Hier wird Rudi aufwachsen.

Die Mutter weiß noch nicht, dass sie nie wieder als Ärztin arbeiten wird, dass man in Deutschland ihren Hochschulabschluss nicht anerkennt.

Der kleine Rudi weiß noch nicht, was alles auf ihn zukommt, welchen erstaunlichen Weg sein Leben einschlagen wird.

Szenenwechsel.

Berlin-Steglitz, 21 Jahre später, an einem regnerischen Frühlingstag. Der gutbürgerliche Bezirk ist inzwischen der Wohnort von Rudi und seiner kleinen Familie. Hier lebt er mit seiner Frau und seiner Tochter, relativ weit weg von Neukölln, wo er seine Kindheit und Jugend verbracht hat.

Wir haben uns vor einem Einkaufszentrum verabredet, entscheiden uns dann aber für einen kleinen Spaziergang, trotz der feuchten Witterung.

Rudi, der in der internationalen B-Boy-Szene als Janero-J-Six bekannt ist, wird demnächst nach Japan aufbrechen zu einer Promotion-Tour, finanziert durch Sponsoren. Gerade ist der 27-Jährige von einer mehrwöchigen Geschäftsreise aus den USA zurückgekehrt.

Rudi ist der beste Beweis, dass man mit B-Boying, oder breaking - früher auch als Breakdance bekannt - seinen Lebensunterhalt bestreiten kann.

R.S.: „*Rudi, bist du noch ab und zu in Neukölln?*"

Rudi Krieger: „*Na sicher Bro. Meine Mutter lebt doch noch dort, in der Nähe vom Rathaus Neukölln, da wo ich auch aufgewachsen bin.*"

R.S.: „*Wenn du heute dorthin zurückkehrst, fällt dir etwas auf?*"

Rudi Krieger: „*Natürlich. Früher lungerten in der Ecke immer so Jugend-Gangs herum, die mit* Butterfly-*Messern in der Hand spielten. Heute findet man dort sehr viele Studenten, Akademiker, irgendwie eine ganz andere Welt.*"

R.S.: „*Warst du auch einmal Mitglied so einer Gang?*"

Rudi Krieger (lachend): „*Nein Bro. Ich hab mich von solchen Sachen immer fern gehalten. In der Schule hatten die meisten Gangsta immer Respekt vor mir, auch wenn ich mich an solchen Aktionen nie beteiligt habe.*"

R.S.: „*Wie war denn deine Kindheit in Neukölln, die Schulzeit und so weiter?*"

Rudi Krieger: „*Na ja, war halt eine typische Kindheit und Jugend in Neukölln. Eine schöne Zeit, eine schwere Zeit, Ausländerhass, obwohl ich Deutscher bin.*"

R.S.: „*Ausländerhass unter den Mitschülern?*"

Rudi Krieger: „*Nein, nein, eher von den Lehrern. Bei denen warst du dann als Kanacke verschrien. Die versuchten, dich gleich in die von ihnen vorgegebene Richtung zu ziehen. Ich weiß noch, wie ich einmal im Unterricht von meinen Zukunftsplänen sprach. Da hat der Lehrer gleich bei meiner Mutter angerufen und ihr gesagt, ich leide unter Größenwahn. Wenn du mich fragst, die meisten Lehrer hatten Angst vor uns. Es kam ja auch regelmäßig die Polizei in die Klassen. Wusstest du, dass ich auch mal Schüler der Rütli-Schule war?"*

R.S.: *„Nein, ich hatte keine Ahnung. War das eine schlimme Zeit?"*

Rudi Krieger: *„Ich war dann schon als Tänzer, als Breaker respektiert, habe niemanden abgezogen, wurde auch nicht abgezogen. Irgendwie habe ich immer mein Ding gemacht, meinen eigenen Weg eingeschlagen. Damals hat man auch noch nicht so viel hinter dem Rücken geredet, sondern direkt ins Gesicht. Unter Umständen gab es dann gleich was auf die Fresse, aber nicht mit dem Messer, so wie heute. Irgendwann habe ich dann meine schulischen Ambitionen sausen lassen, mich nur noch aufs Breaken konzentriert. Ich fing dann eine Ausbildung als Maler und Lackierer an, die ich aber später abbrach. Rückblickend würde ich sagen, das Breaken hat mich gerettet. Ja, das Breaken und zwei sehr gute Freunde, die wie Brüder für mich sind."*

Der Regen nimmt zu. Rudi und ich setzen uns in ein Café.

Rudi Krieger: „*Es ist schon seltsam. Ich meine, wie ich damals zum Tanzen kam. Eines Tages lief ich durch den Treptower Park, und da sah ich dieses Zelt.*"

R.S.: „*Was denn für ein Zelt?*"

Rudi Krieger: „*Das Cabuwazi Zelt, wie eine Fata Morgana stand es da. Das Zelt stand direkt auf dem ehemaligen Mauerstreifen, da wo Treptow, Neukölln und Kreuzberg-Friedrichshain aufeinanderstoßen. Ich ging rein und sah die ganzen Jugendlichen, die verschiedene Sportarten ausübten. Da waren so Betreuer, die Jugendliche aus den Problembezirken betreuten. Dort fing ich mit dem Tanzen an. Die Betreuer sagten mir, ich hätte Talent und könnte dort regelmäßig trainieren. Ich dachte natürlich, das geht nicht, weil meine Mutter kein Geld hat, um mir irgendwelche Trainingsstunden zu bezahlen. Na, und die Betreuer, das waren wohl Sozialpädagogen, schauten sich an, lachten, und sagten zu mir, das geht schon in Ordnung. Ja, so fing alles an. Das Zelt war meine Rettung, ich sag es dir.*"

R.S.: „*Inwieweit hat dich das Leben in Neukölln geprägt?*"

Rudi Krieger (lächelt und denkt kurz nach, bevor er antwortet): „*Weißt du, ich habe Neukölln in den Knochen. Wenn du da aufgewachsen bist, völlig perspektivlos, schon als Versager abgestempelt, bevor du dich im Leben überhaupt beweisen kannst, brauchst du Energie, Kraft und Ausdauer, um aus diesem Teufelskreis rauszukommen. Das sind alles Eigenschaften, die erforderlich sind, wenn du dir als B-Boy einen Namen machen willst. Meine B-Boy-Attitude ist eindeutig Neukölln, wenn du verstehst was ich meine. Ich trinke keinen Alkohol mehr, nur noch Fruchtsäfte, habe das Rauchen aufgegeben, glaube an positive Energie. Neulich in LA habe ich interessante Menschen kennengelernt, die mich inspiriert haben. Das ist das Schöne am Reisen, du bekommst neue Impulse, die man in Energie verwandeln kann. Jetzt konzentriere ich mich auf mein Business, irgendwann möchte ich in die Video-Branche einsteigen, ich drehe jetzt schon viele Videos von den Battles.*"

Rudi trägt einen schwarzen Jogginganzug und weiße Sneaker. Es ist unverkennbar, dass er sehr zufrieden ist mit seiner äußeren Erscheinung und ganz besonders mit seinem Körper, der nach jahrelangem Tanztraining in Höchstform ist.

R.S.: „*Fällt es dir heute schwerer, mit 27, Freezes, Powermoves zu absolvieren, oder Battles zu überstehen, als noch vor ein paar Jahren?*"

Rudi Krieger (lachend): „*Nein, ich sagte ja, ich habe Neukölln in den Knochen. Mein Körper ist noch ganz geschmeidig. Aber, natürlich denke ich an die Zukunft. Das Leben in Deutschland ist recht bequem, dadurch kann man verweichlichen. Das weiß ich heute besser als früher, nachdem ich so viel gereist bin. Ich möchte ja auch ein guter Vater und Ehemann sein, habe Verantwortung für meine Tochter. Momentan bin ich damit beschäftigt, meine Geschäftskontakte international auszubauen, mich weiter als B-Boy zu vermarkten, dabei aber unabhängig zu bleiben. Ich schaue recht optimistisch in die Zukunft, gerade auch, wenn ich bedenke, wie ich aufgewachsen bin, in welchen Verhältnissen ich in Tadschikistan als Kind gelebt habe, Bürgerkrieg, Hunger und so weiter ... Neulich in Leipzig - wir hatten da eine Veranstaltung - kam eine Frau auf mich zu, sie war schon älter und sagte: „Sie sind aber ein netter Neger". Da war ich baff.*

Ich meine, sehe ich aus wie ein Schwarzer? Wenn ja, dann wäre es okay, aber hallo. Die Menschen sind schon irgendwie merkwürdig, oder?"

R.S.: *„Hältst du das für ein deutsches Phänomen, Äußerungen dieser Art?"*

Rudi Krieger: *„Nein, die Menschen werden überall nach ihrem Aussehen beurteilt und in Schubladen gesteckt. In Las Vegas wurde ich mal von der Polizei angehalten und verdächtigt, ein illegaler Mexikaner zu sein. Als ich ihnen meinen deutschen Pass zeigte, dachten die, der wäre gefälscht. Die Cops meinten dann, ich hätte so eine spezielle Attitude, man weiß nicht, ob eine gute oder eine schlechte, auf jeden Fall eine Attitude. Das fand ich sehr amüsant. Als ich* *ihnen sagte, ich sei Breaker, forderten sie mich auf, ihnen etwas vorzutanzen, was ich auch tat. Danach haben wir dann ein paar Fotos gemacht und weiter ging´s.“*

R.S.: „*Was deine Attitude angeht - was hältst du von dem Begriff Weltmensch?*“

Rudi Krieger: „*Ja, Weltmensch klingt gut.*“

R.S.: „*Hast du das Buch von Buschkowsky gelesen über Neukölln? Beschäftigst du dich mit Politik?*“

Rudi Krieger: „*Nein, Politik tötet Menschen. Das habe ich schon als Kind gelernt, in Tadschikistan. Als B-Boy denke ich natürlich global und das ist gut so.*“

„Frau W., wie sehen Sie denn aus, haben Sie einen Wischmopp auf dem Kopf?“

Mit diesen Worten begrüßte eben die Musikerin Chantal aus dem 5. Stock meine Nachbarin Frau W., die gerade von ihrem Friseur-Termin zurückkehrte. Frau W. grinste sardonisch, als sie ihre Haustür aufschloss.

„Chantal (sie sprach den Namen ‚Schantale‘ aus), *ick habe Sie jar nicht erkannt. Unjeschminkt schaun Sie ja janz anders aus, mit den Tränensäcken, fast wie Derricks Tochter …“*

+++ Wut- und Weltbürger +++

Zu den Besonderheiten des Alltags in Neukölln gehört es, dass man sich hier Tag für Tag ein neues Weltbild zulegen könnte, zumindest wenn man etwas aufgeschlossen durch die Straßen geht.

Kaum hat man seine Haustür verlassen, bekleidet mit einem Weltbild in Form einer blütenweißen Weste, welche die Aufschrift *„Love, Peace and Happiness"* trägt, hat man sich schon bekleckert, verursacht durch einen unschönen Vorfall, dessen Zeuge man unfreiwillig wurde und ist gezwungen, ein anderes Weltbild überzuziehen, das besser passt. Oder den gesellschaftlichen Witterungsbedingungen vor Ort angepasst ist.

Greift man aber zu einer kulturpessimistischen Kollektion, gewebt aus Nihilismus und Zynismus, kann es leicht passieren, overdressed zu erscheinen, denn plötzlich zeigt sich Neukölln von einer charmanten, weltoffenen Seite, wie in einer Phantasie von Claudia Roth.

Während ich diese Zeilen schreibe, warte ich gerade auf mein Mittagessen, in einem Restaurant in der Hermannstraße. Bezirksbürgermeister

Buschkowsky schreibt über diese Straße in seinem Buch „Neukölln ist überall“: *„Sie müssen schon über eine solide Pfadfinderausbildung verfügen, um auf der mehrere Kilometer langen Geschäftsstraße einen Imbiss mit Schweinefleischprodukten zu finden.“* Seltsam, auf der Speisekarte des Vietnamesen, bei dem ich mich gerade befinde, werden Schweinefleischgerichte ebenso angeboten wie Geflügel, Fisch und Rindfleisch. Das Gleiche gilt für den Chinesen gegenüber, so wie für die Wurstbude an der Ecke.

Hätte mich Herr Buschkowsky um einen Rat gefragt, dann hätte ich ihm geraten, selbst für sein Buch zu recherchieren und nicht vier Bedienstete dafür zu beschäftigen, was ja nicht nur ein Ausdruck von Bequemlichkeit ist, sondern meiner

Meinung nach auch von einer höchst eigenwilligen Auffassung seines Berufs-Ethos.

Bleiben wir noch für einen Augenblick auf der erwähnten Hermannstraße. Vor einigen Wochen sah ich hier Folgendes: Eine Frau mit einem Kinderwagen ging an einem Straßen-Café vorbei. Die Frau trug einen Niqab. Als sie an einem Mann vorbeikam, der sich – an einer Straßenlaterne lehnend – eine Zigarette drehte, begann dieser sie als „Burkaschlampe" zu beschimpfen. Die Frau drehte sich um, ging auf den Mann zu, zückte ihr Handy und fotografierte ihn. *„Ich lasse mich doch nicht von Ihnen beleidigen, das gibt eine Anzeige!"*, sagte sie im reinsten Berlinerisch, während ihre blauen Augen zornig funkelten. Der Mann, eine ungepflegte Erscheinung mit leichter Alkoholfahne, schleuderte der Frau weitere Obszönitäten entgegen und drohte ihr mit der Faust. Mit hasserfülltem Blick lief er auf sie zu, wurde aber von zwei Arbeitern im Blaumann daran gehindert, seine offensichtliche Absicht in die Tat umzusetzen.

Ein Polizeiwagen hielt, zwei Beamte sprangen aus dem Wagen und nahmen den Mann in Gewahrsam. Bei seiner Festnahme fiel ihm ein billiger Aufkleber aus der Tasche. Die Aufschrift: *„Islam = Frieden? PI-News.net"*

Pessimisten behaupten, die Zukunft unseres Planeten liege in einer Tribalisierung. Unsere Welt entwickele sich zurück zu grauen Vorzeiten, als die Erde noch von Gruppen, Klans und Stämmen bevölkert wurde, so die Prognose. Dieser Argumentation folgend vollzieht sich diese Tribalisierung nicht nur territorial, sondern auch mental. Es bilde sich dabei eine enge, sektiererische, einseitige Mentalität heraus, die alles ablehnt, was andersartig ist oder scheint, was nicht ins eigene Weltbild passt. Das ist zum Teil richtig, wahrscheinlich war es immer schon so. Gleichzeitig steigt die Anzahl multiethnischer Beziehungen, wachsen immer mehr Kinder in einem binationalem Haushalt auf, die sich später nicht mehr in irgendwelche ethnischen oder religiösen Schubladen stecken lassen, sondern dafür sorgen, dass die Verschmelzung verschiedener ethnischer Gruppen zu einem Kreativitäts- und Innovationsschub führen und damit zu einer neuen ökonomischen Stärke.

Vielleicht ist die Geschichte der Menschheit nichts anderes, als ein Kampf zwischen Welt- und Wutbürgern gewesen, in der mal die eine Seite die Oberhand gewann, mal die andere. In Neukölln treffen Wut- und Weltbürger alltäglich aufeinander. Dieses Phänomen darf man sich aber nicht so vorstellen, dass diese dabei auf Rollen festgelegt sind (entweder Deutsche gegen Zuwanderer, Alte gegen Junge, Arbeiter gegen Akademiker).

Nein, so ist es nicht. Oftmals wechseln die Akteure ihre Position, sind dann mal Wut- und bei anderer Gelegenheit wieder Weltbürger.

So wie die Dame, die neulich vor dem Falafelladen davon erzählte, wie schlimm alles in Neukölln geworden sei, mit den Drogen, ja dass man als Deutscher schon Ausländerhass bekommen könne, dass sie am liebsten ganz abhauen würde, in den Libanon, die Heimat ihres Ehemannes.

Oder die Eisverkäuferin in dem kleinen Café am Hermannplatz, die sich gerne als Wutbürgerin in Rage redet, die Türken, von denen es ihrer Meinung nach viel zu viele gäbe, auch schon mal ins Genick hauen könne und von denen sie sich regelmäßig während ihrer Urlaube im Thüringer Wald oder im Elbsandsteingebirge erhole. Andererseits wiederum philosophiert sie mit der Tochter ihrer Chefin, die ebenfalls Türkin ist, über das Leben und die Vorzüge orientalischer Männer.

Die Besucher linker Szenekneipen, in denen es verboten ist, nationale Symbole – egal welcher Form und Herkunft – mit sich zu führen, können augenblicklich fremdenfeindlich und sehr wütend werden, wenn Menschen mit Migrationshintergrund in ihrer Nachbarschaft unternehmerisch aktiv werden. Was andernorts eine fremdenfeindliche Straftat wäre, wenn man zum Beispiel neue Bars mit Farbbeuteln attackiert, wird in diesen Kreisen dann als Kampf gegen Gentrifizierung interpretiert und gerühmt.

Der französische Philosoph Paul Ricœur sagte 1998 in einem Interview: *„Wir wissen nicht, in* *welchen Zeiten wir leben, wir sind nicht imstande, unsere Zeit zu definieren. Die Schwäche aller integrierenden Institutionen wie Familie, Schule, Kirche oder Gewerkschaft ist erschreckend.*" Ricœur hat Recht; das ist ein Kennzeichen unserer Epoche und man kann dies in Neukölln, wo sich die Phänomene unseres Zeitalters bündeln und offenliegen, auf Schritt und Tritt feststellen.

Jede moderne Gesellschaft besteht eigentlich aus mehreren Gesellschaften, zwischen denen es kaum Kommunikation gibt. In dem einen Milieu existieren mit Sicherheit Meinungen und Klischees über die anderen Milieus, von denen ein anderer Teil weitestgehend nichts weiß, wahrscheinlich aber auch nichts wissen will. Doch gelegentlich, für einen kleinen Augenblick, lüften die geschlossenen Gesellschaften ihren Vorhang, gewähren einen Einblick, um dann das Sichtfeld wieder zu verschließen.

In der Sonnenallee gibt es ein neues Szene-Bistro. „Espera“ heißt es, und es liegt gleich neben einer dieser Eckkneipen, aus denen ein Aroma von Sauerkraut und alten Socken strömt. Die Besucher beider Gaststätten sitzen beinahe Rücken an Rükken, übersehen sich dabei aber höflich. Manchmal riskieren Bauarbeiter, die in der Kneipe ein Bierchen zischen, einen Blick nach drüben, wenn junge Modedesignerinnen in kurzen Röcken dort ihren Latte Macchiato zu sich nehmen – schauen dann aber schnell wieder weg, als hätten sie direkt in die Sonne geblickt. Neulich lief ein Hipster vom Espera rüber in die Eckkneipe. Wahrscheinlich hatte er Hunger, weshalb er sich beim Wirt erkundigte, ob dieser auch vegetarische Speisen anbieten würde. Der Wirt zuckte leicht zusammen, als hätte er einen Stromschlag erhalten. *„Jungchen, wenn Du Gras futtern willst, dann gehe doch auf die Wiese!“* Was wissen wir eigentlich über die neuesten Einwanderer, vom Balkan beispielsweise, die jetzt in Neukölln in großer Zahl eintreffen und kleine Kreise bilden, wie zum Beispiel in der Boddinstraße, in unmittelbarer Nähe des Amtssitzes von Heinz Buschkowsky?

Diese Frage stellte ich mir und besuchte dort eine Kneipe, in der sich überwiegend bulgarische

Einwanderer treffen. Ein junger Mann betrat die Gaststätte und fragte: *„Hallo, kann ich hier ein paar Flugblätter gegen Antiziganismus verteilen?"* Die Gespräche verstummten, die Blicke der Gäste wandten sich dem Fremden zu, musterten diesen von oben bis unten. Irgendjemand hatte in der Zwischenzeit die Musik ausgeschaltet. Der Wirt erhob sich von seinem Barhocker, wischte sich mit dem Handrücken über den Mund und begann sich an den jungen Mann zu wenden.

Wirt: *„Was willst du hier verteilen?"*

Junger Mann (leicht verunsichert, die Hand, in der er die Flugblätter hält, beginnt zu zittern):

„Äh, ein paar Flugblätter gegen Antiziganismus, also, äh, gegen die von Sinti und Roma, also, gegen die Diskriminierung von Euch."

Wirt (zerknüllt eine leere Zigarettenschachtel): *„Hier findest du aber weder Sinti noch Roma."*

Junger Mann: *„Ist doch egal, wir kämpfen gegen jede Form von Rassismus, wir sind bekennende Marxisten!"*

Der Wirt haute jetzt mit der Faust auf den Tresen, ein paar Gläser erzitterten. Einige Gäste hatten sich von ihren Plätzen erhoben.

Wirt: *„Wir hassen Marxisten, wir gehören zur türkischen Minderheit in Bulgarien. Weißt du, wie die Kommunisten uns damals gequält haben?"*

Der junge Mann schluckte, räusperte sich, auf seiner Stirn bildeten sich Schweißperlen.

Wirt: *„Normalerweise dauert es von hier bis zur Eingangstür 10 Sekunden. Dir gebe ich 5 Sekunden. Verschwinde und lasse dich hier nie wieder blicken!"*

Sicher, nicht jede Begegnung zwischen Welt-und Wutbürgern in Neukölln verläuft so konfrontativ. In diesem Zusammenhang fällt mir mein guter Freund David Torcasso ein.

David, Jahrgang 1983, ist Schweizer, genauer gesagt ist er eigentlich Italiener und Schweizer, wuchs in Zürich auf, lebt aber nun schon seit geraumer Zeit in Berlin-Neukölln. David ist ein Kollege von mir und schreibt für diverse Magazine und Zeitungen in Europa. Neukölln hat den Italiener in ihm geweckt – so betont er es immer – und die Schweizer Identität dabei in den Hintergrund gerückt.

David, ein smarter Kosmopolit, der immer so ausschaut als wäre er aus einem Modemagazin gefallen, hat auch schon einmal einen Wutbürger zu Zornesausbrüchen provoziert – einfach nur durch sein Auftreten und Aussehen – weshalb dieser ihm am U-Bahnhof die Pest an den Hals wünschte. Dabei ist David alles andere als zart besaitet. Wenn man ihn nicht gerade in Begleitung attraktiver junger Damen trifft, deren Heimat irgendwo zwischen Hamburg und Honolulu liegt, dann sieht man ihn schon einmal in ein Gespräch vertieft vor einem Spätkauf hockend, in Gesellschaft von harten Jungs, echten stiernackigen Neuköllnern, denen man nicht im Dunklen begegnen möchte, die aber andächtig seinen Geschichten aus aller Welt lauschen.

David ist nämlich als Reisejournalist ständig auf Achse. Gerade war er in Sydney, demnächst geht es nach L.A. Die Sache ist besonders interessant, da David ein herzliches Verhältnis mit einer Nachbarin hat, die noch nie aus Berlin herausgekommen ist, und auch nur selten aus Neukölln bisher. Neulich nahm er mich mit zu sich, um mir seine Nachbarin vorzustellen. Die Dame lebt im Hinterhaus, wo sie sich es im Hof recht gemütlich gemacht hat und ihr nichts entgeht. *„Mit 40 war ick zum ersten Mal im Grunewald. Ick war noch nie wech aus Berlin, ick musste ja meine Zombies großziehen“*, wobei sie ihre Söhne anschaute, die an der Hauswand lehnten.

„Ick würde gerne mal auf die Malediven, wa", fuhr sie fort, blickte dabei in Davids Richtung. Ihr Nachbar, mit dem sie Tür an Tür lebt, hier in Neukölln, der junge Schweizer, Journalist von Beruf, der gerade in Sydney war, demnächst nach L.A. reisen wird und sie seufzte dabei, leise aber doch hörbar. Dann verabschiedete sie sich von uns, weil im Fernsehen jetzt ihre Sendung kam: „48 *Stunden Berlin*". David machte sich auf, nach oben in seine Wohnung, um seinen Koffer für die nächste Reise zu packen. Anschließend unternahm ich noch einen kleinen Spaziergang zum nahegelegenen Tempelhofer Feld. Im der Abendsonne tummelten sich noch zahlreiche Menschen, die begannen, sich langsam in Richtung Ausgang zu bewegen. Die Sonne senkte sich langsam zu Boden, färbte sich blutrot, um dann aus meinem Blickfeld zu verschwinden. Irgendwo schrie ein Mann: *„Es gibt kein Paradies auf Erden, es gibt kein Paradies auf Erden!"*, solange bis seine Stimme erlahmte und die Sonne nicht mehr zu sehen war.

Ich sah viele Gesichter an mir vorüberziehen: Deutsche und Dänen, Araber und Türken, Sinti und Roma, Kleinbürger und Kosmopoliten, Models und Malocher, Proleten und Philosophie-Studenten, Investoren und Insolvente, ich sah die Gesichter Neuköllns ...

Vor der Haustür stoßen meine Nachbarin Frau W. und die Musikerin Chantal aus dem 5. Stock aufeinander. Frau W. mustert Chantal abschätzig: *„Schantale - Sie haben sich ja wieder janz schön uffjedonnert. Sie sehen aber trotzdem billig aus. Sie wollen sich wohl wieder ein Mannsbild angeln, der Sie aushält, wa?!“*

Chantal lüftet ihre Sonnenbrille. *„Frau W., haben Sie zugenommen? Ihr Bademantel platzt ja aus allen Nähten! Wohl wieder zu viel Hackepeter zum Frühstück? Es geht Sie zwar nichts an, aber ich habe einen Termin beim Finanzamt, ich möchte mein Gewerbe anmelden.“*

Frau W. verfällt in ein sardonisches Lachen. *„Ihr Jewerbe, ick lach mir dod. Wat soll denn dette fürn Jewerbe sein? Horizontales Jewerbe, oder? Brauch man dafür auch schon ein Jewerbeschein?“*

+++ Ein Pariser im Problemkiez ++

Der Rollbergkiez liegt - verkehrstechnisch günstig – im Herzen von Nord-Neukölln. Trotz der zentralen Lage, zwischen der Karl-Marx-Straße und der Hermannstraße gelegen, wird dieses Viertel von den Anwohnern - alteingesessen wie neuzugezogen – gerne übersehen. Die Gründe hierfür mögen so vielfältig sein, wie die bewegte, wechselhafte Geschichte dieses Kiezes, dessen Namensgeber, die Rollberge, schon im 19. Jahrhundert mit dem Beginn der Industrialisierung größtenteils abgetragen wurden.

Seitdem hat der Rollbergkiez seine äußere Erscheinungsform mehrmals bis zur Unkenntlichkeit verändert, doch sein zweifelhafter Ruf blieb ihm erhalten, nahezu bis heute. Schon im 19. Jahrhundert galt dieses Viertel als verrufen, als Ort des Lasters, der Kriminalität, ja vor allem als Widerstandsnest gegen jegliche staatliche Autorität, ob diese nun monarchistisch, republikanisch, nationalsozialistisch, alliiert oder bundesrepublikanisch daherkam.

1929, am 1. Mai, wurde das Rollbergviertel von blutigen Aufständen erschüttert. Anwohner lieferten sich Straßenschlachten mit der Polizei, Barrikaden wurden errichtet, Menschen kamen ums Leben. Nirgendwo sonst hatte die NSDAP in der Endphase der Weimarer Republik schlechtere Wahlergebnisse in Berlin eingefahren, als in den von wilhelminischen Mietskasernen geprägten Straßen im und um das Rollbergviertel. Historische Quellen berichten, dass sich die Ordnungskräfte des NS-Staates kaum in diese dicht bebaute Gegend mit ihren Labyrinthen aus Hinterhöfen und Dachgängen getrauten, dass die KPD hier noch länger den politischen Ton angab, bzw. sich eine Parallelgesellschaft bildete, als in anderen Vierteln des „Roten Berlins" nach der Machtergreifung der Nationalsozialisten.

Vielleicht liegt in dieser politischen Grundorientierung die Ursache, dass das alte Rollbergviertel zwar die Flächenbombardements des 2. Weltkrieges überlebte, auch die Schlacht um Berlin fast unbeschädigt überstand, schließlich aber in den Jahrzehnten des Kalten Krieges den Spitzhacken und Abrissbirnen des West-Berliner Senats zum Opfer fiel. Flächensanierung hieß damals das Zauberwort, Luft und Licht für die Bewohner der alten Mietskasernen, lautete das dazugehörige Schlagwort. Kahlschlagsanierung nennt man diesen Vorgang heute. Die alte Bausubstanz, die man damals für nicht mehr zeitgemäß hielt, die als Ursache für soziale Probleme verdächtigt wurde, die auch an frühere Zeiten erinnerte, Zeiten denen man jetzt den Rücken zugedreht hatte, wurde dem Erdboden gleichgemacht.

Die Zeitschrift „Bauwirtschaft“ schrieb 1961 über ein ähnlich strukturiertes Viertel im Wedding, wo 100 Wohnungen abgerissen wurden: *„Noch heute verbinden sich mit dieser Gegend Erinnerungen an eine Hochburg der Kommunisten, Krawalle und erbitterte Barrikadenkämpfe ... ein Krebsgeschwür, operativ zu behandeln.“*

Das Rollbergviertel hat sich bis heute nicht davon erholt. Die urbane Prägung des Kiezes mit seinen Licht- und Schattenseiten, seinen Hinterhöfen und Werkstätten, seinen Geschäften und seinem Straßenleben, wurde dadurch für immer vernichtet. Ebenso die Intimität einer Nachbarschaft, die den Stürmen der Geschichte getrotzt hatte, schließlich aber vor Behördenentscheidungen und Baggern kapitulieren musste.

2000 neue Wohnungen entstanden auf den Trümmern der alten Nachbarschaft. Die ursprüngliche Bevölkerung verteilte sich in alle Himmelsrichtungen. Die neuen Anwohner repräsentierten die veränderten demographischen Rahmenbedingungen der Frontstadt West-Berlin in den Jahren nach dem Mauerbau. Nähert man sich heute dem Rollbergviertel - beispielsweise zu Fuß von der quirligen Hermannstraße aus - stellt sich sofort ein dumpfes Gefühl der Verlassenheit ein.

Die vier Ringbauten, die man damals an Stelle des ursprünglichen Rollbergviertels errichtete – alle mit heute schmutziggrauen Betonfassaden versehen, deren einziges Unterscheidungsmerkmal die Farben der Fensterläden darstellen, jeweils in Rot und Blau gehalten – liegen leblos in den Straßen, wie die steinernen Überreste eines Meteoriteneinschlages. In dem Viertel regt sich kaum Leben, Straßen und Gehwege wirken verwaist. Ganz im Gegensatz zu den Nachbarstraßen, wo die ursprüngliche Bebauung erhalten blieb, wo Cafés, Bars und Galerien wie Pilze aus dem Boden schießen, wo großstädtisches Leben, in all seinen Facetten, das Straßenbild prägt.

Wüsste man es nicht besser, so könnte man den Eindruck gewinnen, dass das Rollbergviertel erst nachträglich in den Norden Neuköllns implantiert wurde, ohne mit dem Ortsteil sozial zu interagieren. Zur Linken ragt das denkmalgeschützte Gebäude der Kindl-Brauerei hervor, ein wuchtiger Backsteinbau, in dem vor Jahren die Produktion eingestellt wurde, wo aber in den Kelleretagen des Sudhauses eine neue, kleine Brauerei Einzug hielt. Über dem Parkplatz eines Supermarktes wirbelt ein Windstoß eine Papiertüte hoch und verstärkt den Eindruck von Ödnis und Verlassenheit, als befinde man sich in einem unwirtlichen Gewerbepark in unmittelbarer Nähe zu einer Autobahnausfahrt.

Das Rollbergviertel galt noch bis vor wenigen Jahren als Hochburg der Kriminalität, als eine

No-Go-Area, in der Gesetzlosigkeit herrscht und das Verbrechen blüht. 2003 wurde hier ein Polizist bei einem Einsatz erschossen, fünf Jahre zuvor wurde ein Jugendlicher auf einer Party ermordet. Während der 00er Jahre war der Ortsteil häufig Gegenstand medialer Berichterstattung, fungierte dabei als die Bronx von Berlin.

Der Rollbergkiez bildet auch die Kulisse für den düsteren Roman „Arabboy" der Autorin Güner Yasemin Balcı, die selbst in diesem Viertel aufwuchs und ihre dortigen Erlebnisse als Sozialarbeiterin in dem Buch verarbeitete. Das Rollbergviertel, das war auch der Wohnort des berüchtigten Abou-Chaker-Clans, dessen Mitglied Arafat der Rapper Bushido eine Vollmacht über sein Vermögen erteilt hat. Einige Mitglieder des Clans, so berichten informierte Kreise, sollen dort noch ansässig sein. Doch inzwischen haben sich die Dinge geändert – zum Positiven, wie eine Anwohnerin meint, die anonym bleiben möchte, hier aber schon seit 20 Jahren wohnt. Die Dame verweist auf die Aktivitäten des Fördervereins Morus, dessen Büro sich in einem der ringförmigen Betonbauten befindet, in dem mit den blau gestrichenen Fensterrahmen. Gilles Duhem, der Gründer von Morus e.V., öffnet selbst die Tür.

„Willkommen in der Anstalt!", sagt der Mittvierziger zur Begrüßung. Im Büro herrscht hektische Aktivität, die Telefone klingeln unentwegt, die Schreibtische wirken aufgeräumt, Duhem sowie

seine beiden Mitarbeiterinnen haben viel zu tun. Demnächst ist eine Fahrradtour an den Wannsee geplant, allerdings sind Zweiräder für die Kinder vom Rollbergkiez keine Selbstverständlichkeit.

Draußen bringt ein Freiwilliger, ein älterer Herr, ein paar Drahtesel auf Vordermann und lässt einige Kinder ein paar Proberunden drehen. Die anderen Aktivitäten und Veranstaltungen des Fördervereins halten die Mitarbeiter auf Trab. Neben der täglichen Schülerhilfe wären da noch die Aktion *„Mieter kochen für Mieter"*, Filmvorführungen und zahlreiche andere Events. Gilles Duhem weist darauf hin, dass Morus 14 mehr als ein Verein ist, eher eine soziale Unternehmung. Ein Anruf aus Paris, seiner Heimatstadt.

Duhem, Absolvent einer französischen Eliteuniversität, bezeichnet sich selbst als Berlin-Lieb-haber. 1989, im Jahr des Mauerfalls, kam er an die Spree, um hier in einem Aufbaustudium Stadtplanung zu studieren. Er blieb bis heute.

„Als durch den Golfkrieg 1990 die französischen Finanzmärkte zusammenbrachen, gab es dort überhaupt keine Arbeit für mich. In Berlin boomte es nach dem Mauerfall jedoch. So bin ich hier hängen geblieben", erklärte er einmal in einem Interview mit der TAZ. Duhem ist leger gekleidet, trägt Jeans und einen dunklen Pullover.

Gilles Duhem: *„Wir verfolgen hier keinen sozialromantischen, dafür aber einen sozialraumorientierten Ansatz!*

R.S.: *Was bedeutet das?*

Gilles Duhem: *„Das heißt, wir fokussieren unsere Arbeit, ja unsere ganzen Aktivitäten auf den Rollbergkiez mit seinen 5800 Einwohnern, von denen über ein Drittel ausländischer Herkunft ist. Das bedeutet ja schon genug Arbeit, wie du dir denken kannst.“*

Duhem lächelt, wenn er davon erzählt, wie es ihn nach Neukölln verschlagen hat.

Gilles Duhem: *„Acht Jahre war ich bei der Treuhand beschäftigt, eine sehr lehrreiche Zeit. Allerdings, in mir wuchs dann das Bedürfnis, einen beruflichen Neuanfang zu unternehmen. Durch einen Bekannten erfuhr ich von der Stellenausschreibung hier im sogenannten Quartiersmanagement. Ich bewarb mich und ich wurde genommen.“*

Das war im Jahr 2002. Duhem übernahm damals den Posten in diesem rauen und verrufenen Berliner Kiez. Ein Quartiersmanager, das bedeutet im Berliner Amtsjargon ungefähr, die Sanierungsmaßnahmen und Hilfsangebote miteinander zu koordinieren, im Sinne, vor allem aber aus der Perspektive der zuständigen Behörden, in diesem Fall der Senatsverwaltung. Duhem krempelte die Ärmel hoch, entwickelte sich – gemeinsam mit seiner damaligen Kollegin Renate Mulack – zum Sprachrohr der Bewohner, deren Stimmen man öffentlich schon lange nicht mehr vernommen hatte, und gab andererseits dem Rechtsstaat, der sich in diesem Viertel auf dem Rückzug befand, ein Gesicht. Wurde er anfangs von ortsansässigen Jugendlichen mit

homophonen Kommentaren geschmäht, drohte Duhem diesen mit einer Anzeige und ließ gelegentlich auch Platzverweise erteilen. Gleichzeitig ermunterte er die Bewohner dazu, aktiv zur Verbesserung der Lebensqualität vor Ort beizutragen und eine Art Wir-Gefühl zu entwickeln.

Mit Erfolg. Die öffentliche Verwahrlosung des Viertels ging sichtbar zurück, ebenso die Kriminalitätsrate. Das Selbstbewusstsein der Bewohner, deren Elan und Gemeinschaftssinn wurden gestärkt, nicht selten sogar erst geweckt. Duhem wurde zu einer Art Volksheld im Rollbergkiez, der streng, aber gerecht agierte, jenseits bürokratischer Bequemlichkeit.

Was den Betroffenen gefiel, was öffentlich gewürdigt wurde, erregte innerhalb der Verwaltung Neuköllns Misstrauen. Gilles Duhems Augen beginnen zu flackern, wenn er davon erzählt. Sein Mund verzieht sich zu einem Lächeln, vielleicht auch zu etwas ganz anderem.

Gilles Duhem: *„Das Misstrauen, welches man meinen Mitarbeitern und mir entgegenbrachte von Seiten der Senatsverwaltung, hat mich damals überrascht. Ich hätte mir nie vorstellen können, so viel gegen den Auftraggeber und so wenig mit ihm arbeiten zu müssen, vor allem nicht, da wir ja erfolgreich waren.“*

Das Gespräch wird unterbrochen. Duhems Worte bleiben in der Luft hängen wie dichter Tabakqualm, der sich langsam im Raum verteilt, dabei Augen und Schleimhäute reizt.

Es ist Mittagszeit. Die ersten Schüler treffen im Büro ein und warten auf ihre Mentoren, die ihnen gleich Nachhilfe geben werden. Insgesamt sind es 150 Ehrenamtliche, die im von Morus e.V. initiierten Netzwerk „Schülerhilfe Rollberg" tagtäglich das Bildungsgefälle der Schüler verringern, welches durch soziale Ursachen entstand und durch das Berliner Schulsystem scheinbar nur unzureichend überbrückt wird. Die Schüler kommen aus allen Klassenstufen und Schulformen Neuköllns, die freiwilligen Helfer – nicht selten pensionierte Lehrer und Pädagogik-Studenten – aus fast allen Bezirken der Hauptstadt. Die Nachhilfestunden finden in verschiedenen Räumlichkeiten statt, die sich wie Konfetti über das Rollbergviertel und angrenzende Quartiere erstrecken. Die Regelmäßigkeit dieses Angebotes ist für Duhem der Schlüssel zum Erfolg. Dass es ihm gelingt, die Kontinuität der Schülerhilfe zu wahren, macht seine Kollegen und ihn zu Recht stolz, obwohl sie es nicht betonen. Duhem betrachtet die ehrenamtlichen Helfer für die Kinder als Botschafter aus jener für die meisten hier entrückten Welt, in der Erwachsene morgens zur Arbeit gehen. Das Aufbrechen der verschiedenen Milieus scheint eines der Erfolgsrezepte des Fördervereins zu sein.

Morus 14 betreibt außerdem ein Klangorchester, in dem die Kinder mit Percussion und Klavier Stummfilme vertonen. Freitags wird ein Frauenfrühstück angeboten.

Gilles Duhem: *„Weißt du, hier erreicht man schon viel, wenn man den Menschen beibringt, Termine einzuhalten. Fast alle Eltern unserer Schützlinge haben zu Hause Internet, haben Smartphones und allen technischen Schnickschnack. Trotzdem schaffen es die wenigsten, eine Mail zu schreiben oder zu* *beantworten. Hier bei uns lernen die Kinder zuerst, was man mit dem Computer alles so anstellen kann.“*

R.S.: *„Würdest du dich als Manager von Morus e.V. bezeichnen?“*

Gilles Duhem (lacht laut auf, etwas schrill): *„Nein, eher als Furie. Vielleicht auch als Muezzin. Wir gehen hier vor wie ein Muezzin auf dem Minarett, wenn Veranstaltungen sind. Ein Beispiel gefällig? Bitte alle herhören, wir brauchen noch Freiwillige, morgen um acht Uhr!“*

Diese Aktivitäten sind umso beeindruckender, wenn man erfährt, dass Duhem und seine Mitstreiter diese Schülerhilfe wie auch die anderen mannigfaltigen Aktivitäten von Morus e.V. nur durch Spendengelder und die Beiträge der aktuell 219 Mitglieder des Fördervereins finanzieren. Wie kam es dazu?

Anfang 2007 wurde Duhem vom Berliner Senat unerwartet vor die Tür gesetzt. Seine Arbeit vor Ort, die so viele Früchte getragen hatte, schien beendet. Duhem fehlen *„wesentliche fachliche Voraussetzungen [...] zur Erfüllung der Aufgaben eines Quartiersmanagers“*, ließ die Behörde verlauten. Im Berliner Kurier war damals zu lesen: *„Duhem war einer der lautesten Kritiker, wenn es um die Übertragung weiterer Verwaltungsaufgaben ging.“*

Und dann gibt es noch die Geschichte um den Besuch des französischen Integrationsministers

Azouz Begag. Der fand im Februar 2006 statt, nach einer Anfrage aus dem Büro der Staatsministerin für Integration, Maria Böhmer (CDU).

Duhem: *„Man wollte uns besuchen und zusammen mit dem Minister, Bezirksbürgermeister Heinz Buschkowsky und der Stellvertreterin Stefanie Vogelsang einige Projekte ansehen."*

Duhem sagte zu, informierte Buschkowsky und verwies auf das Einverständnis des Trägervereins Morus 14, der neben EU-Mitteln auch Geld vom Senat erhält.

Duhem: *„Plötzlich hieß es, das gehe nur, wenn der Senat eingebunden wird. `Wes Brot ich ess´, des´ Lied ich sing´, sagte mir der zuständige Abteilungsleiter Philipp Mühlberg. Nebenbei verwies er auf den Wahlkampf. Offenbar sollte die Stadtentwicklungssenatorin auch ein paar Lorbeeren abbekommen."* Bestätigt wird diese Darstellung von der Büroleitung der Staatsministerin.

Duhem: *„Die spielten dabei aber nicht mit. Also entschieden wir uns, das Treffen eben nicht im Gemeinschaftshaus des Trägers stattfinden zu lassen."*

Mit Folgen: Von „später Rache" wird gemunkelt, als der Senat den Träger kürzlich vor die Wahl stellte: Entweder Duhem geht, oder das Quartiersmanagement wird neu vergeben. Der Verein entschied sich für Duhem.

Falko Liecke, CDU Neukölln, äußerte damals: *„Es darf doch nicht sein, dass ein Mann abgeschossen wird, nur weil er so laut Kritik übt, wie man es an dieser Stelle tun muss. Wir werden das auf der Bezirksverordnetenversammlung hart diskutieren."*

Neuköllns Bürgermeister Heinz Buschkowsky raunte: *„Duhem hat im Kiez sehr viel bewegt. Allerdings habe ich ihm auch zu mehr Diplomatie geraten."*

In der Stadtentwicklungsverwaltung wurde das Thema heruntergespielt: Vorausgegangen war diesem Schmierstück auf Senatsverwaltungsebene ein Konflikt mit einer Sachbearbeiterin, die Duhem in einer Mail als *„dieses Weib"* titulierte, dann diesem *„Weib"* selbst (versehentlich) die E-Mail sendete. Ein Fauxpas mit Folgen - offensichtlich. Da das Quartiersmanagement alljährlich einer neuen Ausschreibung unterliegt, war Duhem aus dem Rennen, obwohl die Bewohner für ihn wieder auf die Barrikaden gegangen wären, wie schon öfter in der Geschichte des Rollbergviertels aus anderen Anlässen.

Petra Nothdorf, Leiterin der Gruppe Quartiersverfahren im Referat Soziale Stadt, warf Duhem wegen seiner Wortwahl Mangel an sozialer Kompetenz vor, der polemisiere und unbegründete Ängste gegen Bürokratie schüre. Nach dem Vorfall schrieb Duhem, den die TAZ einmal als Adept von

Heinz Buschkowsky bezeichnete, einen offenen Brief an den Neuköllner Bezirksbürgermeister.

Heinz Buschkowsky ließ nichts von sich hören, wurde auch bei dem Mittagstisch von Morus e.V. nicht mehr gesehen.

Seit Januar 2007 ist Duhem Geschäftsführer, des von ihm gegründeten Vereins Morus 14 e.V. Auf der Homapage von Morus e.V ist zu lesen:

„Mit seinen 126 Mitgliedern, darunter so namhafte Persönlichkeiten wie Klaus Wowereit, Alfred Biolek, Necla Kelek, Hatice Akyün als Ehrenmitglieder sowie Professor Hartmut Häussermann, ist der Förderverein Gemeinschaftshaus MORUS 14 e.V. im Norden von Neukölln eine Institution geworden, ein Ort der Kultur, des friedlichen Treffens und der gegenseitigen Befruchtung verschiedener Kulturen und Religionen. Ausgerechnet im Rollberg, der vorher durch die Presse nur für Mord, Todschlag und schlechte Schlagzeilen bekannt war! Mit seinem »Netzwerk Schülerhilfe« zeigt er meisterhaft, dass es durchaus möglich ist, viele begeisterte ehrenamtliche Helfer nachhaltig zu gewinnen, um die Kinder eines so genannten »Problemkiezes« in ihrer weiteren schulischen Entwicklung effizient zu unterstützen. Vielen Dank an jeden Einzelnen von ihnen. Sie bringen durch ihre Arbeit und ihre Ideen neue Impulse in den Rollberg und helfen uns sehr, auf unserem noch bescheidenen Niveau den großen Zielen der Integration und der Chancen-

gleichheit der Kinder des Rollbergs ein Stück näher zu kommen.“

Eine junge Frau betritt das Büro. „*Shalom Hagar*”, wird sie von Gilles begrüßt. Hagar Lewin, Israelin, 25 Jahre jung, mit einem strahlenden Lächeln im Gesicht, nimmt an ihrem Schreibtisch Platz. Ein ca. 14-jähriger Schüler palästinensischer Herkunft hat sich zu ihr gesellt, tippt irgendetwas in den Computer ...

R.S.: „*Hagar, was hat dich hierher nach Neukölln verschlagen?*”

Hagar Lewin: „*Ich habe in Jerusalem Islam- und Nahostwissenschaft studiert an der Hebräischen Universität. Anschließend wollte ich gerne etwas Praktisches im Ausland machen, am liebsten im sozialen Bereich. Ich bewarb mich dann bei der Organisation „Kom-Mitnadev”, was auf Deutsch so viel bedeutet wie „Komm mit, steh auf, Freiwilliger!”*

R.S.: „*Um was für eine Organisation handelt es sich dabei?*”

Hagar Lewin: „*Diese Organisation vermittelt junge Israelis nach Deutschland für einen einjährigen Freiwilligendienst in Deutschland, in ganz verschiedenen sozialen Einrichtungen. Es gibt ja sehr viele junge Deutsche, die einen freiwilligen Dienst in Israel absolvieren. Deshalb wohl wurde diese Organisation gegründet, um das gegenseitige Kennenlernen und Verstehen zu erweitern. Persönlich war ich im-*

mer sehr an Deutschland interessiert, vielleicht auch deshalb, weil ich selber deutsche Vorfahren habe, unter anderem."

R.S.: *„Hier in Neukölln, im Rollbergkiez, kommst du in Kontakt mit vielen Anwohnern, die einen arabischen, palästinensischen Migrationshintergrund haben. Gab oder gibt es dadurch für dich als Israelin Probleme?"*

Hagar Lewin: *„Von meiner Seite gar nicht. Allerdings waren einige Menschen mir gegenüber anfangs etwas reserviert eingestellt. Das hat sich dann aber im alltäglichen Nebeneinander schnell gegeben. Das Eis begann schnell zu schmelzen. Die Menschen hier haben mit ganz anderen Problemen zu kämpfen, müssen ihren Alltag und ihr Leben meistern wie überall auf der Welt, so dass Spannungen aufgrund der politischen Weltlage dabei schnell an Bedeutung verlieren. Das freut mich, weil ich dadurch eine andere Perspektive bekommen habe, wie vielleicht einige der Anwohner auch, die noch nie zuvor eine Israelin kennenlernen konnten. Irgendwann macht man ja dann doch die Feststellung, dass wir alle nur Menschen sind. Bevor ich nach Berlin kam, hatte ich in Israel übrigens eine ähnliche Erfahrung machen können, als ich von meiner Heimatstadt nach Jerusalem zog, zum Studium. In Hod haScharon, wo ich aufgewachsen bin, kam ich nie mit Arabern und ultrareligiösen Israelis in Kontakt. Auch recht wenig mit Neueinwanderern. Das war in Jerusalem dann* *ganz anders. Außerdem habe ich hier noch Fahrrad-fahren gelernt."*

Hagar schaut auf die Uhr, entschuldigt sich, weil sie jetzt drüben im Gemeinschaftshaus gebraucht wird. Heute ist Mittwoch, an diesem Tag kochen immer Mieter für Mieter. Gilles Duhem schlägt vor, in der Zwischenzeit etwas essen zu gehen, in seinem Stammlokal. In der Pizzeria Rollberge, gelegen in der Hermannstraße, nur einige Gehminuten von seinem Büro entfernt, wird er von dem Inhaber Salah Naboulsi herzlich empfangen. Duhem schwärmt von der facettenreichen Speisekarte, der Qualität der Gerichte, sowie vom ansprechenden Ambiente. Er bestellt ein Pasta-Gericht und sucht dann im hinteren Bereich der fast vollbesetzten Pizzeria einen Sitzplatz.

Gilles Duhem: *„Auch wenn ich seine Gunst verloren habe, ich freue mich darüber, dass Heinz Buschkowsky bundesweit Gehör findet. Nach über 10 Jahren am Rollbergkiez teile ich seine Einschätzungen und Analysen. Außerdem ist es doch eine Wohltat, wenn endlich einer mal Klartext redet. Buschkowskys Problem ist doch nicht, dass er autoritär ist, sondern, dass er sich der Parteidisziplin fügt, auch wenn er weiß, wie schwachsinnig das im Einzelfall sein mag.*

Letztendlich ist er nicht souverän genug, akzeptiert keine Kritik auf Augenhöhe, schützt somit ein veraltetes politisches System, welches er andererseits - zum Beispiel in seinem Buch - kritisiert. Vielleicht kommt bei ihm auch noch ein Minderwertigkeitskomplex à la Ludwig XIV. hinzu, der war ja auch nur 1.63 Meter groß.“

R.S: „*Und wie schaut es mit Sarrazin aus, teilst du auch seine Einschätzungen? Schafft sich Deutschland ab am Rollbergkiez?*“

Gilles Duhem: „*Ganz im Gegenteil, Mon Cher. Im Rollbergviertel baut sich Deutschland neu auf. Was dort vor 10 Jahren in Gang kam, hat schon jetzt zu positiven Ergebnissen geführt, zum Beispiel beim Rückgang der Kleinkriminalität und der sozialen Verwahrlosung.*“

Das Essen wird serviert, Duhem lässt es sich schmecken ... Noch vor einigen Monafen wäre ihm vielleicht der Appetit vergangen. Damals stand Morus e.V. wieder einmal kurz vor dem Aus, kämpfte sprichwörtlich ums Überleben. Das Spendenaufkommen war zu gering, einige Investoren waren abgesprungen aufgrund eigener finanzieller Probleme. Die Einnahmen aus den Veranstaltungen reichten bei weitem nicht aus, um die laufenden Kosten zu decken. 20 Sponsoren seien nötig, die ihr Engagement für fünf Jahre auf den Verein konzentrieren, wurde der Franzose in der Presse zitiert. Rund 10.000 Euro im Monat sind für die Deckung der laufenden Ausgaben vonnöten.

Gilles Duhem räumte seinen Stuhl als Geschäftsführer, um auch im Falle einer Insolvenz nicht haften zu müssen und machte sich auf die Suche nach Sponsoren. Die vorläufige Rettung kam buchstäblich in letzter Sekunde. Ende Oktober 2012 gab Morus e.V. bekannt, dass durch einen Spendenaufruf 6.000 Euro eingenommen werden konnten und eine Großspende im Wert von 40.000 Euro für das kommende Jahr zugesichert wurde. Die Zukunft von Morus e.V. war vorläufig gesichert und damit auch die Veranstaltungen zum Wohle der Anwohner und ihrer Kinder.

Heinz Buschkowsky und seine Verwaltung rührten in diesem Zeitraum keinen Finger für den Förderverein.

Kurz zuvor war das Buch des Bezirksbürgermeisters auf den Markt gekommen und entwickelte sich rasch zu einem Bestseller. Aus Buschkowskys Bezirksamt ließ man kühl verlauten: „*Morus 14 e.V. ist ein Verein, der seit Jahren ganz bewusst ein vom Bezirksamt Neukölln völlig unabhängiges Wirken verfolgt.*"

Es ist Gilles Duhem äußerlich nicht anzumerken, wie tief ihn der jahrelange Kampf und das Verhalten des Bezirksamtes bzw. des Bürgermeisters belasten. Wer die Strukturen der Berliner Behörden kennt – den dortigen Amtsschimmel mit seinen Bedenkenträgern und die weitverbreitete Inkompetenz – der kann sich leicht vorstellen, dass dieser unkonventionelle Mann mit seinen innovativen beruflichen Ansätzen, die auch noch Erfolge zeigten, dort anecken musste. Darauf angesprochen legt Duhem das Besteck beiseite, tupft sich mit der Serviette den Mund ab.

Gilles Duhem: *„Nach fast 11 Jahren, mit allen Höhen und Tiefen eines schwierigen Projektes in einem noch schwierigeren Umfeld, sind mir Neukölln und die Rollberger ans Herz gewachsen. Gelegentlich ist es vielleicht eine Hassliebe, aber immerhin eine Liebe. Ich bin weder Politiker noch Geschäftsmann, ich muss mich auch nicht verbiegen, um einen Auftrag zu erhalten, oder um meinen Job zu sichern. Ich habe Heinz Buschkowsky die Wahrheit ins Gesicht gesagt, was sich viele aus seinem Umfeld nicht getrauen. Vielleicht kam das nicht gut an, vielleicht nimmt man mir es auch übel, dass ich mich der Parteibuchwirtschaft nicht beugen wollte und nicht SPD-Mitglied geworden bin, wie man mir damals vorschlug. Es ist auf jeden Fall verwunderlich, dass ein Projekt wie das unsrige mit all seinen ehrenamtlichen, engagierten Mitarbeitern, mit seinen Auszeichnungen und Erfolgen, dermaßen behandelt wird. Vielleicht ist die Gesellschaft noch nicht reif genug, das Potential und die Leistungen von Morus e.V. anzuerkennen.“*

Vor knapp drei Jahren schrieb Gilles Duhem Heinz Buschkowsky zum letzten Mal. Darin hieß es: *„Wenn alle Kräfte sich vereinigen, gibt es vielleicht* *die Möglichkeit, das kleine Abenteuer Morus 14 fortzusetzen.“*

Bezirksbürgermeister Heinz Buschkowsky, Bestseller-Autor, Bild-Zeitungskolumnist und gefragter Redner bundesweit, hat ihm bis heute nicht geantwortet. „Dieses Buch ist ein kleiner Gruß an alle, denen unser Neukölln weiterhin am Herzen liegt und die sich für seine Zukunft engagieren“. Mit diesen Worten leitet Heinz Buschkowsky sein Buch „Neukölln ist überall“ ein.

Vielleicht hat er dabei auch an die Menschen vom Rollbergkiez gedacht, an die Mitarbeiter des Fördervereins Morus 14 und an Gilles Duhem, mit denen er einst gemeinsam Studien präsentierte. In seinem Buch erwähnt hat er diese Menschen, denen Neukölln am Herzen liegt und die sich für die Zukunft des Bezirkes engagieren, mit keiner Silbe.

Offener Brief von Gilles Duham an Heinz Buschkowsky:

„Ende des Quartiersmanagements in den Händen des Fördervereins Morus 14 e.V. im Rollbergviertel. Offener Brief an den Bezirksbürgermeister von Neukölln, Herrn Buschkowsky, verfasst nach der Diskussionsveranstaltung der Grünen im Rathaus Neukölln am 17.01.2007 und nach den Zeitungsartikeln in der Berliner Woche, im Tagesspiegel und in der Berliner Morgenpost am 18.01.2007.

Berlin, 19.01.07

Sehr geehrter Herr Buschkowsky,
ich wende mich mit diesem offenen Brief direkt an Sie, weil seit dem Beginn der Auseinandersetzung um die Verlängerung des Quartiersmanagementsauftrages im Rollbergviertel wie auch um meine Person mir keine Möglichkeit eröffnet wurde, direkt mit Ihnen über die komplexe Sachlage in ihrer Gesamtheit zu reden. Sie wurden von mir immer zeitnah mit Informationsmaterial versorgt, sodass ich davon ausgehe, dass Ihnen der Sachstand in aller Ausführlichkeit bekannt ist. Ich glaube auch, dass ich mich Ihnen und Ihrer politischen Linie für Neukölln gegenüber immer loyal und unterstützend verhalten habe. Ich möchte ebenso, frei von parteipolitischen Interessen, in der öffentlichen Darstellung fair behandelt werden. Daher möchte ich verschiedene reißerische und rufschädigende Gerüchte, die zurzeit kursieren, nicht kommentarlos hinnehmen. Alle in diesem Brief ausgeführten Äußerungen sind entweder aktenkundig oder bei den betroffenen Personen verifizierbar. Worum geht es eigentlich? Es wird versucht, aus einem politisch eingefärbten, strukturellen Konflikt eine Auseinandersetzung allein um meine Person zu inszenieren. Die Schwierigkeiten, die von mir

aufgegriffen werden, betreffen aber andere Kollegen seit Jahren ebenso. Bei diesen Kollegen herrscht jedoch, aus Angst vor Repressalien, Schweigen. Ein schweigendes Bauernopfer möchte ich aber nicht sein. Ich bin nach wie vor davon überzeugt, dass der Ursprung des Konflikts mit der Senatsverwaltung für Stadtentwicklung (SPD) in der Organisation eines Besuchs der Staatsministerin Böhmer (CDU) mit ihrem französischen Kollegen Azouz Begag im Kiez im Februar 2006 liegt. Die Haltung des zuständigen Abteilungsleiters der Senatsverwaltung, Herrn Mühlberg, zu diesem Besuch hat mich damals schockiert. Nachdem sich Herr Mühlberg mit dem Leiter des Büros der Ministerin Böhmer angelegt und versucht hatte, den Besuch zu torpedieren, fielen die nun stadtbekannten Worte: „ ...wissen Sie Herr Duhem, wir haben Wahljahr“ und „... wes Brot ich ess´, des´ Lied ich sing ...“. Ich vertrete nach wie vor die Auffassung, dass das Bund-, Länder- und vor allem EU-Programm „Soziale Stadt“ das Programm aller EU-Steuerzahler ist und nicht ein Programm, das dazu dienen sollte, sich parteipolitisch zu profilieren. Seit dieser Auseinandersetzung war dem zuständigen Abteilungsleiter klar, dass unser Team, das direkt von Bewohnern angestellt ist, politisch nicht auf Linie zu bringen ist. Offenbar eine Todsünde.

Die Auseinandersetzung mit der Sachbearbeiterin, Frau K., nimmt im ganzen Spektrum der Probleme eine eher untergeordnete Rolle ein. Weil sie jedoch medial griffig und einfach darzustellen ist, wurde sie als Hauptgrund für die Ablehnung des Angebots des Fördervereins Morus 14 e.V. dargestellt. Diese Darstellung ist schlicht und ergreifend falsch. Frau K. hat für die Senatsverwaltung als Sachbearbeiterin die Betreuung unseres Teams Ende 2005 übernommen. Sie kommt ursprünglich aus der Innenrevision, einem Fachgebiet, das mit den dynamischen Anforderungen des Programms „Soziale Stadt" nicht gerade viel gemein hat. Frau K. wurde von unserem Team mit offenen Armen empfangen. Im Laufe des Jahres 2006, und vor allem nach dem bereits erwähnten Besuch im Februar 2006, hat sich das Arbeitsklima zwischen ihr und unserem QM-Team jedoch immer weiter verschlechtert. Aus fehlender Kenntnis der Projektgeschichte des QMs im Rollberg (Frau K. hat sich mehrmals geweigert, sich mit den Akten bzw. mit den von ihrem Vorgänger betreuten Projekten auseinanderzusetzen), aus Angst vor diffizilen Vorgängen, aber auch begleitet von einem ungeheueren Misstrauen uns gegenüber, begann eine Jagd auf Form- und Verfahrensfehler bei der Projektbetreuung. Ihre eigentliche Rolle, Akteure und Bewohner zu unterstützen, hat

Frau K. nicht wahrgenommen. Ich verzichte hier auf eine ausführliche Darstellung der Vorgänge, weil ich hierzu bereits mehrmals schriftlich Stellung genommen habe. Die entsprechenden Informationen liegen Ihnen vor. Der Konflikt spitzte sich im November 2006 zu. Am 31.10.2006 fand im QM-Büro eine Sitzung mit dem Vorstand des Fördervereins Morus 14 e.V., mit dem Abteilungsleiter des Senats, Herrn Mühlberg, mit Frau K. und mit Vertreterinnen des Bezirksamtes statt. Frau K. hat sich bei dieser Sitzung über Kommunikationsschwierigkeiten beschwert und bewertete insgesamt unsere Arbeit als „mangelhaft“. Nachdem im Laufe des Gespräches viele Missverständnisse aus der Welt geschafft wurden, verabschiedeten wir uns mit den Worten: „Tschüss, bis morgen“. Am 01.11.2006 sollte eine lang geplante und inhaltlich in der Steuerungsrunde besprochene Sitzung des Rollberger Quartiersbeirates stattfinden. Die Antragsteller der neu bewilligten Projekte sollten zu Wort kommen und einen Sachstandsbericht abgeben. An diesem Tag mussten meine Kolleginnen und ich zwei große Delegationen betreuen und waren bis kurz vor der Sitzung des Beirates um 18 Uhr unterwegs. Das Büro war, wie immer, durch eine MAE-Kraft besetzt, die im Falle eines Anrufes alle Informationen hätte liefern können. Erst kurz vor der Sitzung entdeckte ich zwei

Mails von Frau K.. Die erste, um 11 Uhr abgeschickt, forderte die Tagesordnung der Abendsitzung an. Die zweite, ca. um 14:30 Uhr abgeschickt, hatte folgenden Inhalt: Da Frau K. bisher keine Tagesordnung erhalten habe, gehe sie davon aus, dass die Sitzung nicht stattfände. Sie bat darum, ihr den neuen Termin mitzuteilen. Ich muss zugeben, dass mir in dieser Situation der Kragen geplatzt ist. Ich finde diese Haltung gegenüber den ca. 30 ehrenamtlichen Mitgliedern eines von der Senatsverwaltung gewollten Beirats, die ihre Zeit und ihre Kenntnisse zur Verfügung stellen, einfach unverantwortlich und unmöglich. Ich habe die Mail von Frau K. an den Vorstand des GMH weitergeleitet mit den Worten: „... also da fällt mir zu diesem Weib nichts mehr ein. Es ist kein Zoo hier, das ist jetzt die offene Psychiatrie. Soviel zum Thema Kommunikation." Aus Versehen schickte ich diese Mail auch an Frau K. weiter. Die Art, wie der Konflikt eskaliert ist, tut mir aufrichtig leid. Ich hätte mich viel lieber mit Frau K. persönlich auseinandergesetzt. Dazu ist es leider nicht gekommen. Ich möchte zu diesem Thema abschließend hinzufügen, dass sowohl Projektträger als auch Jurymitglieder bereits zuvor einige Male Erfahrungen damit sammeln konnten, wie Frau K. dieses QM-Verfahren begleitet. Viele von ihnen sind über den Umgangston verwundert, wenn nicht verärgert. Über das Angebot des Fördervereins Morus 14 e.V. wurden ebenfalls Gerüchte gestreut, die ich an der Stelle richtigstellen möchte: Es ist nicht richtig, dass der Förderverein kein Angebot eingereicht hat. Ein Angebot wurde nach einstimmigem Beschluss der Mitgliederversammlung verfasst und fristgerecht der Senatsverwaltung zugesandt.

Dieses Angebot hatte weiterhin Gültigkeit, wie mit dem Schreiben des Vorstands vom 3.01.07 der Senatsverwaltung bestätigt wurde. Was nicht stattfand, war eine Verhandlung mit der Senatsverwaltung über das Angebot. Es wurden lediglich zwei der ehrenamtlich arbeitenden Vorstandsmitglieder des Vereins zu einem Termin mit der Senatsverwaltung eingeladen. Meine Kollegin Frau Muhlak war zu dem Zeitpunkt krankgeschrieben und ich war trotz meiner Detailkenntnisse des Projekts beim Gespräch unerwünscht. Bei diesem Termin wurde immer wieder versucht, das Angebot des Vereins in die vorgefertigte Form „zu pressen". Dafür, dass sich die Vertreterinnen des Vereinvorstandes dem Druck nicht beugten, möchte ich mich an dieser Stelle ausdrücklich als Mitarbeiter, Vereinsmitglied und Freund bedanken. Wo liegen die inhaltlichen die Differenzen zwischen Senat und Förderverein?

- *Erhöhung des QM-Budgets: Der Förderverein hat für den Auftrag 2007 eine Erhöhung der Finanzmittel des Büros um 25.000 € gefordert. Damit sollte eine Teilzeitstelle für Buchhaltungs- und Bürokratieaufgaben finanziert werden, die, was stadtweit niemand bestreitet, im QM-Auftrag seit einigen Jahren exponential gewachsen sind. Dieses „Problem“ wäre vom Tisch, da sich inzwischen ein Sponsor gemeldet hat, der für ein Jahr die Kosten dieser Stelle übernehmen würde. Im Namen aller Vereinsmitglieder und Unterstützer unseres Kiezes, möchte ich ihm unsere Dankbarkeit für sein spontanes Engagement aussprechen. Die Äußerung der Sprecherin der Senatsverwaltung für Stadtentwicklung im Tagesspiegel vom 18.01., man habe diese Spende nicht für eine zusätzliche Stelle nehmen können, weil man an die Haushaltsordnung gebunden sei, ist nicht richtig. Der Verein hätte einen QM-Vertrag zu dem von der Senatsverwaltung geforderten Preis mit den drei bekannten Mitarbeitern abgeschlossen. Er hätte mit den gespendeten Mitteln eine zusätzliche Kraft bezahlt, die aber nicht Bestandteil des QM-Vertrages gewesen wäre. Dadurch hätte der Verein allerdings offiziell und transparent gemacht, was viele QM-Träger bereits seit Jahren tun: um den QM-Auftrag zu erhalten bzw. zu behalten, hätte man eigene Mittel beigesteuert bzw. zu-*

sätzliches Personal zur Verfügung gestellt. Den unterschwelligen Vorwurf, man würde sich nicht an Haushaltsrecht halten wollen, weise ich zurück. Unser QM-Projekt wurde drei mal von externen Prüfern kontrolliert. Es gab an der finanztechnischen Abwicklung keine Beanstandungen.

- *Neues Verfahren zur Abwicklung der Fördermittel ab 2007: Ab 01.01.2007 möchte die Senatsverwaltung für die Abwicklung der Fördermittel ein neues Verfahren einführen. Hier liegt der zweite Dissens zwischen Verein und Senat. Ich behaupte, und viele erfahrene Kollegen stimmen mir in diesem Punkt zu, dass dieses neue Verfahren zu keiner Entlastung, sondern zu einer zusätzlichen Belastung führen wird, zumindest für die QM- Teams und* -Träger. *Die QM-Träger werden ab 01/07 quasi als Treuhänder der öffentlichen Hand fungieren. Ich kann als Volkswirt weder akzeptieren noch verantworten, dass ein kleiner Bewohnerförderverein, der jährlich ca. 25.000 € umsetzt, die Verantwortung und die Haftung für 100.000 – 200.000 € Fördermittel übernimmt. Und zwar für Projekte, deren Inhalte, Umfang und Anzahl zum Zeitpunkt der Auftragsübernahme nicht feststehen. Wenn die Senatsverwaltung kleine, kieznahe QM-Träger wünscht, wie politisch immer wieder bekräftigt wurde, muss ein Verfahren konzipiert werden, das nicht ein so hohes Risiko des wirtschaftlichen Ruins dieser Träger birgt.*

- *Die Personalfrage: Die Senatsverwaltung hat nach dem geschilderten Vorfall mit Frau K. meine Entlassung gefordert. Ich lasse Sie bewerten, was davon zu halten ist. Ich bedaure aufrichtig, dass Frau K. offenbar in eine berufliche Rolle gedrängt wurde, die ihr nicht liegt. Ich bin gerne bereit, mich jederzeit mit ihr zu treffen, um über die Angelegenheit zu sprechen, die uns gewiss beide sehr getroffen und verletzt hat. Dies sind die wesentlichen Punkte in der Auseinandersetzung zwischen dem Förderverein Morus 14 e.V. und der Senatsverwaltung. Ich lasse Sie beurteilen, ob sie so schwer wiegen, dass ein erfolgreiches Projekt mit seinen zahlreichen Unterstützern fallen gelassen werden sollte – Neukölln und dem Rollberg wird dadurch nicht geholfen.*

- *Inhaltliche Kritik an der QM-Arbeit und an meiner Person: Im Rahmen der aktuellen Diskussion über die Arbeit des bisherigen QM-Teams wird mir nun vorgeworfen, ich würde die Gremien (u.a. den Quartiersbeirat) und Bewohner dominieren und manipulieren. Ich weise diese Vorwürfe aufs Heftigste zurück! Der Quartiersbeirat wurde erst im Jahr 2006 unter einem großen Kraftaufwand ins Leben gerufen. Meine Kollegin Renate Muhlak und ich haben alles getan, um die papierlastige, trockene Gremienarbeit für die ehrenamtlichen Mitglieder attraktiv zu gestalten. Es ist methodisch erforderlich, ein solches Gremium im ersten Jahr dabei zu unterstützen, eine Struktur und einen Rhythmus zu finden. Die Vorgaben der Senatsverwaltung für den Beirat waren vage, zögerlich und manchmal sogar widersprüchlich. Wir haben zusammen mit den Mitgliedern des Beirates versucht, das Beste für den Kiez daraus zu machen. Sicherlich ist die Arbeit des Beirates auch noch verbesserungswürdig. Dennoch wurden die Schwierigkeiten der Bewohnerjury 2000-2002 vermieden. Es kam nicht, wie damals, zu diskreditierenden Auseinandersetzungen oder zu rassistischen Äußerungen. Projekte ohne Auswirkung für den Kiez wurden nicht finanziert. Und es wurden keine engagierten Bewohner ohne vorherige Einarbeitung als Steuerer eines unausgereiften Verfahrens „verheizt". Damit haben wir nur unseren Auftrag erfüllt: ein Management für den Rollberg geliefert. Die Bewohner des Rollbergs lassen sich auch nicht durch irgendjemanden dominieren. Wir helfen nur gelegentlich Bewohnern, die sich schriftlich nicht immer in der gebotenen Form ausdrücken können. Dabei leisten wir Lobbyarbeit für den Kiez und verleihen ihm eine Stimme. Wir sind bzw. waren direkt die Angestellten von Bewohnern. Sie bestimmen, was wir tun. Abschließend stelle ich fest, dass es absolut unglaublich ist, dass dieser ganze Konflikt an meiner Person ausgetragen wird. Wir waren immer ein stabiles Team. Meine Kolleginnen Ayten Köse und Renate Muhlak haben gleichberechtigt mit mir zum Projekterfolg beigetragen. Sie als meine „Mitarbeiterinnen" zu bezeichnen, wie die Zeitungen es oft getan haben, ist unrichtig, degradierend und entspricht nicht der Realität unserer Arbeit. Vor allem möchte ich an der Stelle das ungeheuere Engagement meiner Kollegin Renate Muhlak würdigen, die seit über acht Jahren in verschiedenen Bereichen im Dienste des Rollbergviertels arbeitet. Siegt noch die Vernunft? Sehr geehrter Herr Buschkowsky, ich hoffe, es wird aus meine Ausführungen deutlich, dass ich die sachliche Diskussion noch nicht verloren gebe. Ich habe zur Feder gegriffen, weil ich es als meine Aufgabe betrachte, für den Kiez, für seine Bewohner und für unsere so zahlreichen Unterstützer, die bisher von der Politik keine Beachtung gefunden haben, zu kämpfen und zu einer sachlichen, transparenten und an Inhalten orientierten Entscheidungsfindung beizutragen. Ich spreche Sie an, weil ich nach wie vor Vertrauen in Sie habe.*

Rufen Sie eine Krisensitzung mit allen Beteiligten zusammen! Selbstverständlich freue ich mich wie die anderen Vereinsmitglieder auch zukünftig, Sie im Rollberg zum Bewohner-Mittagstisch am Mittwoch, zu begrüßen.

Mit freundlichen Grüßen
Gilles Duhem

Meine Nachbarin Frau W. stellte mir heute ihre Nichte vor. Ich wollte gerade das Haus verlassen, als Frau W. zufällig ihre Wohnungstür öffnete. *„Herr Schack, darf ick Ihnen Gritt vorstellen, meene Nichte aus Neubrandenburg. Seit einer Woche ist sie in Berlin, hat hier eine Stelle als Telefonistin."*

Gritt trat auf die Türschwelle, eine flachsblonde junge Frau, die ihre Haare zu Schnecken gedreht hatte. *„Ich bin keine Telefonistin Tante, sondern Call-Center Agent"*, korrigierte sie missmutig.

„Aus Neubrandenburg kommen Sie also?", fragte ich, um die Konversation in Gang zu bringen. *„Ja, ich bin von Vorpommern", gab sie wortkarg zur Antwort. „Meine ganze Familie arbeitet in der Schweinezucht, aber ich will etwas mehr aus meinem Leben machen!"*

In diesem Moment kam die Musikerin Chantal, mit der Frau W. sich in einer Art Dauerfehde befindet, aus der 5. Etage die Treppen hinunter. Chantal trug eine Sonnenbrille, dazu einen weinroten Mantel.

Als sie uns erblickte, grüßte sie freundlich in meine Richtung, musterte Frau W. aber abschätzig. *„Flittchen!“*, zischte Frau W. leise, aber doch hörbar. *„Faschistin!“*, gab Chantal zur Antwort, während sie sich an uns vorbei in Richtung Ausgangstür bewegte. Frau W. fasste sich theatralisch an die Nase: *„Ick kann ja kaum noch atmen, dieses Parfüm* (sie sprach es ‚Parföng‘ aus) *riecht irgendwie billig, fast nuttig!“*

Chantal drehte sich auf den Absätzen ihrer schwarzen Lackstiefel um, schob die Sonnenbrille unter ihre Augen und sagte: *„Immer noch besser, als ihr Körpergeruch Frau W., damit können Sie ja alle Bewohner des Hauses vergasen! Sie waschen sich wohl trocken?“*

Frau W. schnappte fassungslos nach Luft.

„Ne Sauerei is det, wat man sich hier von so eener sajen lassen muss, in seinem eigenen Hausflur. Aber det hat nochn

Nachspiel! Komm Gritt, det haben wir nicht nötig!" sagte sie, zog dann ihre Nichte in die Wohnung und ließ die Tür ins Schloss fallen.

+++ Ist Neukölln nirgendwo? +++

Neulich besuchte ich einige Freunde in Hamburg.

Als ich später mit der U3 am Hafen entlang fuhr, in Richtung Hauptbahnhof, um von dort die Rückreise nach Berlin anzutreten, beim Blick auf die abendlichen Lichter von St. Pauli, erschien es mir für einen Augenblick wahrscheinlich, ich würde mir gleich selbst begegnen, als junger Student in den Neunzigern, nach durchtanzten Nächten auf dem Kiez.

Nie werde ich vergessen, welches Gefühl der Freiheit ich empfunden habe, als ich vor fast einem halbem Leben nach Hamburg zog. Endlich war es so weit, ausgestattet mit einem Studienplatz, verlegte ich meinen Wohnort von einer schleswigholsteinischen Kleinstadt in die Metropole an der Elbe. Das Hamburg jener Jahre, damals Anfang der Neunziger, war sicherlich eine der aufregendsten und angesagtesten Städte der Republik. Berlin dämmerte noch als Baustelle dahin, mit bewegter Vergangenheit, schwieriger Gegenwart und ungewisser Zukunft.

In Hamburg hingegen tanzten damals noch die Lichter auf der Reeperbahn. Viertel wie Altona und die Sternschanze erlebten einen rasanten Prozess der Gentrifizierung, der zu Beginn, bevor der Prozess abgeschlossen ist, ja spannend ist. Clubs wie das Mojo und das Front waren bundesweit bekannt und besaßen Kultstatus.

Die einlaufenden Ozeandampfer am Hafen putzten sich heraus wenn sie die Landungsbrücken passierten. Die Skyline selbst war auf eine hanseatische Art romantisch.

Die Hafencity gab es nicht, stattdessen Backstein- und Gründerzeitbauten, den Turm des Michels, Bürogebäude, die sich als Chrom- und Glasbauten verkleideten. Das Hamburg jener Jahre gibt es nicht mehr, es ist verschwunden, und eine neue Stadt mit anderem Charakter und anderem Wesen ist an seine Stelle getreten. Nein, die Architektur hat sich nicht wesentlich geändert, von einigen Neubauten und urbanen Prestigeprojekten einmal abgesehen. Aber von den Menschen, die damals den pulsierenden urbanen Geist Hamburgs verkörperten, sind die meisten entweder in die Jahre gekommen, oder weg und weitergezogen. In Hamburg lebe ich schon lange nicht mehr. Erst zog ich nach London, später nach Berlin, wo ich seit knapp zehn Jahren lebe.

In meinem heutigen Wohnort, in Neukölln, erlebe ich zurzeit einen ähnlichen Prozess, wie er sich damals, in den erwähnten Stadtteilen von Hamburg, vollzog. Allerdings mit doppelter Geschwindigkeit, flankiert von der Transformation Berlins; hin von einer innerlich zerrissenen, von der Geschichte vergewaltigten Metropole, zu einer Weltstadt. Eine Stadt muss in Bewegung bleiben, architektonisch, demographisch, sozial. Im Idealfall ist eine Stadt ein Ort, wo man zu jeder Tages- und Nachtzeit einkaufen oder Freunde treffen kann, wo jede Sprache gesprochen wird und Fremdenhass fast unbekannt ist, dessen Bewohner im Idealfall nicht in Gleichgültigkeit und Apathie versinken. Im Idealfall, wohl bemerkt.

Neukölln ist von solchen Zuständen, falls sie dort denn jemals eintreffen sollten, weit entfernt. Zu sehr ist der Bezirk noch geprägt vom jahrzehntelangen Niedergang, der sich hier vollzogen hat, der weitverbreiteten Armut und Perspektivlosigkeit vieler seiner Bewohner, die lange Zeit abgehängt waren, von den Veränderungen, die sich andernorts in Berlin vollzogen haben, ja auch von seinem schlechten Image, welches Medien und Politiker immer wieder breittreten.

Zur Stunde wäre es nicht seriös, hinsichtlich der Zukunft des Stadtteils irgendeine Prognose abzugeben. Dass die Dinge in Bewegung geraten sind, alte verkruste Strukturen aufzubrechen beginnen, dass neues Leben einzieht und altes Leben verdrängt, wird niemand leugnen, der Neukölln kennt, oder mit offenen Augen durch den Bezirk geht. Dass diese veränderte Dynamik nicht nur Freude auslöst, sondern auch Ängste verursacht, zu Widerstand führt, ist allzu menschlich. Wer aber davon ausgeht, dieser Prozess sei zu stoppen, oder gar rückgängig zu machen, entsprechend einer weitverbreiteten Mentalität im Bezirk, der irrt.

In diesem Zusammenhang sei an die Ballade von Friedrich Rückert erinnert, über den unsterblichen, ewig jungen Wanderer Chidher Grün, der alle fünfhundert Jahre an derselben Ortschaft vorbeikommt, dabei jedes Mal eine neue Gesellschaft vorfindet, deren Bewohner nichts von ihren Vorgängern und Nachfolgern ahnen und die davon ausgehen, ihre Zivilisation sei für die Ewigkeit gedacht.

Heinz Buschkowsky bin ich nur einmal persönlich begegnet, vor fast neun Jahren.

Damals bat ich um einen Termin mit dem Bezirksbürgermeister, der mir sofort gewährt wurde, was heute fast undenkbar erscheint. Ich plante damals eine Reportage über Neukölln, aus der dann allerdings nichts wurde, aus Gründen die jetzt zu unwichtig wären, um sie hier zu erwähnen.

Heinz Buschkowsky empfing mich in seinem Amtssitz, jenem wuchtigen Bauwerk, welches kurz vor dem Ausbruch des 1. Weltkrieges errichtet wurde, und auf wundersame Weise die Zerstörungen von Krieg und Nachkriegszeit nahezu unbeschadet überstand. Buschkowsky kam mir auf dem langen Flur entgegen, der sein Büro von jenem Vorzimmer trennt, in dem ich auf ihn gewartet hatte. Schon von weitem konnte ich erkennen, dass er ein Gesicht zog, als wäre er in ein Stück Hundekot getreten. Dieser Gesichtsausdruck änderte sich auch nicht, als wir uns die Hände zur Begrüßung reichten, und er mich dann missmutig in sein Büro führte.

Trotz seiner griesgrämigen Ausstrahlung – er schloss mehrmals seine Augen während unserer Unterhaltung, als würde er sich langweilen – war mir dieser Mann, der damals in der Berliner Lokalpresse schon für Schlagzeilen sorgte, nicht unsympathisch.

Vielleicht wollte er mit diesem Auftreten seine Verachtung für die Journaille unterstreichen, vielleicht war es auch nur ein Schutzmantel für die Zumutungen, die das Amt eines Bezirksbürgermeisters mit sich bringt.

Im Laufe unseres Gespräches taute er auf jeden Fall auf, nahm kein Blatt vor den Mund und beantwortete meine Fragen bereitwillig.

Ich muss meine Aufzeichnungen von damals verlegt haben, wahrscheinlich sind sie irgendwann einfach in der Mülltonne gelandet, aber ich erinnere mich noch genau, wie Heinz Buschkowsky Parteigenossen kritisierte, darunter auch den damals und heute noch regierenden Bürgermeister von Berlin und Thesen vertrat, die sich auch heute noch in seinem Buch nachlesen lassen. Vertreter des Multikulti-Flügels seiner Partei bezeichnete er als Linksradikale, über die Probleme Neuköllns gab er sich keinen Illusionen hin. Lediglich durch den Ausbau des Flughafens Schönefeld erhoffte er sich eine Stimulation des Neuköllner Arbeitsmarktes, sowie positive Auswirkungen für den Wirtschaftsstandort durch Investoren. Gleichzeitig war er voll des Lobes für die türkischstämmigen Mitarbeiterinnen seiner Verwaltung und erzählte mir Anekdoten aus seinem Berufsalltag, zum Beispiel, dass junge Migranten ihm Personenschutz angeboten haben, gegen linksradikale Aktivisten.

Gegen Ende unserer Unterhaltung versorgte mich Heinz Buschkowsky mit Kontaktadressen von Einrichtungen und Institutionen, die er mir für die Recherche empfahl. Die Schulleitung der Rütli-Schule, jener pädagogischen Anstalt, die nur einige Jahre später für Schlagzeilen sorgen sollte, um Neukölln einen weiteren Stempel aufzudrükken, war auch dabei.

Bei all dieser Hilfsbereitschaft war mir damals aber nicht entgangen, dass Heinz Buschkowsky zu jenen Menschen gehört, die sich vor langer Zeit einmal ein Bild von der Welt gemacht haben, um dieses für immer zu verwahren. Nachdem ich sein Buch gelesen habe, hatte sich dieser Eindruck bei mir noch verstärkt. Der Verdacht kommt auf, dem Neuköllner Bezirksbürgermeister ging es um einen kommerziellen Erfolg, wie ihn sein Parteigenosse Thilo Sarrazin erzielt hatte, und nicht um die Zukunft des Stadtteils.

Wie immer man darüber denken mag, wer von uns möchte denn keine finanziellen Gewinne erzielen durch eigene Leistungen, mit dem Buch hat er dem Bezirk keinen Gefallen getan, sondern viel eher das weitverbreitete Negativ-Image konserviert, ohne die neuen Entwicklungen zu benennen. Es ist, alles in allem, ein gestriges Buch, wenn auch unterhaltend geschrieben.

In einem hat der Autor allerdings Recht, wenn er in seinem Buch behauptet, Neukölln sei nicht der Kurpark von Bad Pyrmont. Nein, sicherlich nicht.

Neukölln, speziell Nord-Neukölln, mit seinen multiplen Lebensstilen und ausgeprägten Subkulturen, vom Trinkermilieu der Bahnhofskneipen bis hin zu den Salafisten der Al-Nour-Moschee, den Hipstern und Hausbesitzern, nicht Hausbesetzern, die findet man hier kaum noch, den Veganern und

Bulgaren, etc. ist eine ständige Zumutung für Auge und Ohren. Ein Ort an dem ständig etwas passiert, wo selbst der Gang zum Supermarkt zu einer akuten Reizüberflutung führen kann, wo man auch viele Dinge sieht und hört, die man vielleicht nicht immer sehen und hören möchte. Neukölln ist auch kein Schonraum für Utopien, denn die zerplatzen hier schnell, wie Seifenblasen, wobei manche Anwohner die rosaroten Brillengläser nicht nur tragen, sondern diese auch schon durch die sprichwörtlichen Scheuklappen verstärkt zu haben scheinen.

Auf jeden Fall hat eine Bekannte von mir, eine junge, sympathische Frau, von überdurchschnittlicher Intelligenz und Sensibilität, bei der letztenf Wahl zum Berliner Abgeordnetenhaus ihren Wahlschein zerrissen, aus Angst davor, beim Urnengang eine Dummheit zu machen, nachdem eine lautstarke und vielköpfige Roma-Sippe in ihre unmittelbare Nachbarschaft gezogen war.

Persönlich bin ich nicht besonders ängstlich veranlagt, ich rühme mich dessen nicht. In Neukölln fühle ich mich weit weniger bedroht, als in einer schleswig-holsteinischen Kleinstadt, nach Einbruch der Dunkelheit, wenn alle Lichter ausgehen und Rollläden geschlossen werden, und man sich wie ein Wanderer im Nichts vorkommt, falls man sich dort dann noch auf der Straße aufhalten sollte. Ich spreche da aus eigener Erfahrung, da ich in so einer Stadt schließlich aufgewachsen bin. Wie schrecklich auch, wenn man in so einem Ort nachts aufwacht, und man feststellen muß, dass einem die Zigaretten ausgegangen sind. So etwas kann mir hier in Neukölln nicht passieren, da man an jeder Ecke einen sogenannten Späti vorfindet, der seine Pforten nicht selten 24 Stunden – rund um die Uhr – geöffnet hat.

Die permanenten Polizeisirenen, die in regelmäßigen Abständen die Hauptstraßen Neuköllns erschüttern, sind zwar nicht ganz geheuer, aber immer ein Zeichen von Leben, wie die Nachtschwärmer, meistens jung und studentisch, die man hier von Bar zu Bodega ziehen sieht, 7 Tage in der Woche, Nacht für Nacht, zumindest in den Sommermonaten. Trotzdem hatte ich vor einiger Zeit ein merkwürdiges Erlebnis, welches mein subjektives Sicherheitsempfinden zumindest kurzzeitig auf die Probe stellen sollte.

Es war gegen 00:30, an einem eiskalten Wintertag im Februar, als ich den U-Bahnhof vor meiner Haustür betrat.

Der Bahnhof war fast menschenleer. Ein Penner döste auf einer Bank, ein junges Mädchen kauerte in einer Ecke.

Ich ging einige Schritte, als mich von der Seite ein junger Mann rüde ansprach: *„Ey Keule, haste mal ne Zigarette!"*

Ich schaut kurz in seine Richtung: Etwa 25 Jahre, proletarischer Milieueinschlag, kurze blonde Haare, eine ungesund rote Gesichtsfarbe. Aus seinen Augen guckte er mich hasserfüllt an, ein Hang zur sinnlosen Gewalt schien in ihm zu brüten.

Ich verneinte sein Anliegen, ging dann weiter.

„Verschwinde hier“, rief er mir hinterher, worauf ich nichts erwiderte. Ein paar Meter weiter blieb ich vor einem – um diese Zeit – geschlossenen Kiosk stehen. Der Typ war mir gefolgt, baute sich vor mir auf, sagte dann, wobei er die Bierflasche, die er bei sich trug, fester umklammerte: *„Du sollst hier verschwinden!“*

Als ich ihn fragte, wie er auf die Idee käme, mich zum Verlassern dieser Örtlichkeit aufzufordern, schlug er mir mit seiner Faust ins Gesicht. Wahrscheinlich im selben Augenblick, packte ich ihn am Kragen. Als wir beide am Boden lagen, hatte ich den Hals des Angreifers zwischen meinem Unterarm und Brustkorb im Schwitzkasten.

Der Typ raunte: *„Ich bekomme keine Luft!“*, worauf ich mich antworten hörte: *„Das ist mir scheißegal!“*

Für einen Augenblick spielte ich mit dem Gedanken, mit meiner freien Hand mein Handy aus der Manteltasche zu ziehen, um die Polizei anzurufen. Ich verwarf den Gedanken unmittelbar, versuchte eher wieder auf die Beine zu kommen, und den Angreifer dabei mit hochzuziehen, was mir auch gelang. Seine Bierflasche kullerte inzwischen auf dem Boden herum.

Als ich ihn aus dem Unterarmwürgegriff entließ, versuchte er wieder nach der Bierflasche zu greifen, worauf ich ihm einen Schubs gab, so dass er auf seinen Rücken fiel. Er hatte sich gerade wieder aufgerappelt, als die U-Bahn einfuhr. Der Typ schien vorläufig genug zu haben, er stand auf unsicheren Beinen, machte aber keine Anstalten mehr auf mich loszugehen, während ich die Bahn betrat.

Was mir wenig später auffiel, ich betone das ohne Wertung, dass ich mich nach diesem Vorfall physisch äußerst prächtig fühlte. Vielleicht auch nur, weil die Sache ja doch recht glimpflich ausgegangen war. *„War das ein Araber?“*, fragte mich ein Mitarbeiter der BVG, als ich ihm am nächsten Tag von dem Vorfall berichtete und anschließend ungläubig staunte, als ich ihm das nordländische Aussehen des Täters schilderte.

Kürzlich, an einem der wenigen Sonnentage, die uns der Sommer bisher schenkte, saß ich mit einigen Bekannten in einer dieser neuen Szene-Cafés in der Sonnenallee , die von den Anwohnern auch als Gaza-Streifen bezeichnet wird, aufgrund ihres hohen Anteils von Anwohnern arabischer Herkunft. Während wir dort nett beieinander saßen, das schöne Wetter und unsere Drinks genossen, kamen einige Jugendlich vorbei, schauten finster in unsere Richtung und sagten im Vorbeigehen

„Scheiß-Yuppies. Yuppies an die Wand!“

Eine Freundin von mir, die mit am Tisch saß, entrüstete sich: *„Das kann ja wohl nicht angehen,* *muss man sich das denn bieten lassen, wo sind wir denn hier, sind wir hier denn irgendwo ... ?"*

Ich unterbrach sie: „*Nein, wir sind hier nicht irgendwo, wir sind hier in Neukölln, also nirgendwo!"*

Meine Bekannten schauten mich verständnislos an, während um uns herum nichts weiter geschah,

als dass sich ein Neuköllner Nachmittag dem Ende entgegen neigte.

Helfen Sie mir!

Hat Ihnen, liebe/r Leser/in meine Geschichte gefallen? Dann helfen Sie mir doch, mein Buch bekannter zu machen. Am liebsten jetzt sofort, bevor Sie, liebe/r Leser/in, das Buch endgültig aus der Hand legen. Empfehlen Sie das Buch guten Freunden, schreiben Sie eine positive Bewertung im Shop von Verlag 3.0 und/oder dort, wo Sie es gekauft haben.

Berichten Sie darüber bei facebook, Xing, Twitter und Co., verfassen Sie eine Rezension für einen Blog oder eine Zeitung, gerne mit Hinweis auf die Buchbeschreibung der Verlagshomepage

http://buch-ist-mehr.de/neukoelln-ist-nirgendwo

Dieser QR-Code, der auch auf der Buchrückseite zu finden ist, führt direkt auf mein Autorenprofil bei Verlag 3.0, mit aktuellen Informationen über meine Person, Neuerscheinungen und aktuelle Termine.

Ich danke Ihnen, dass Sie mein Buch gelesen haben.

Ramon Schack